The Ten Minute Parenting Miracle

亲密关系

亲子关系篇

[加] 克里斯多福 · 孟（Christopher Moon）/ 著
鲁宓　王岑卉 / 译

CNS 湖南文艺出版社 HUNAN LITERATURE AND ART PUBLISHING HOUSE 博集天卷 CS-BOOKY

前言

我将书中的练习称为“十分钟奇迹”，算是冒了个险。因为人们通常把“奇迹”这个词跟“神”联系在一起，而我则将“奇迹”视为不期而遇、令人振奋的日常现象。《韦氏大词典》（*Webster's Dictionary*）对“奇迹”的定义就是“出乎意料而有好结果的事”。

你可以通过多种方式运用书中的内容。一种方式是将其视为一次积跬步以至千里的旅行。如果你专注于其中每一步，就会惊讶地发现，自己在相对较短的时间里走出了很远。

另一种方式是将本书视为种下种子，栽培植物，使其充分发挥潜能的指导手册。你的孩子（还有你自己！）就是种子，“十分钟奇迹”练习则是促进你们成长的阳光雨露。

第三种方式是将本书视为一部指南，旨在帮你进一步接纳、觉察、赞赏自己作为孩子父母、社会成员乃至人类一员的生命历程。

但如果你想寻找一本书，教你控制孩子的行为，让他们尊重、服从你，改掉你不赞赏的地方，那这本书并不适合你。你不可能种下苹果种子，却期待长出桃树来。你的孩子来到这个世界，自有其独特的天赋和本性。你不知道他们什么时候才能认清自己的本性，展示自己的天赋——也许他们永远都无法认清。你能做的就是提供最好的环境，让种子充分发挥潜力，长成本该成为的美丽植物。

至于这本书能不能帮到你，要看你想成为什么样的父母。如果你的第一个孩子刚来到人世，就有一部简洁明了的手册告诉你，你在孩子做某些事、说某些话时该怎么回应，这不是很棒吗？你购买的大多数重要商品都附有操作说明书，许多说明书里都有一页“常见问题”，告诉你如果出了问题该怎么处理，甚至列出了出现问题的原因。为人父母当然没有这样的说明书，但如果有的话，那肯定是件庞然大物，家里根本放不下！

孩子比任何机器都复杂，甚至比电脑还复杂。程序员会被电脑的古怪反应难倒，用户也会被屏幕上突然出现的问题弄得不知所措。为什么关机、拔掉插头、重新插上、开机，就能解决问题？发明电脑的人也许知道为什么，但我们其他人都摸不着头脑。同样的道理，如果说孩子是某个人或某种力量创造出来的，那个人或那种力量也许能理解他们的情绪波动、行为改变和给父母生活带来的麻烦，但父母通常毫无头绪！

毫无疑问，孩子肯定会让你面对种种挑战。本书要问的是：如果孩子带来了问题，问题究竟是孩子造成的，还是因为父母不够明智，不知该如何回应？问题出现了，有没有可能不是孩子的错，而是为父母提供一个宝贵的机会？我的想法是，虽然我们不希望跟孩子之间出现问题，尤其是会伤害孩子的问题，但问题是亲子共同学习成长的重要养分。

“十分钟奇迹”课程旨在帮助父母成长，走向情绪成熟，变得更加睿智，更善解人意。父母成长了，跟孩子的互动就会不一样。父母会不那么容易生气、焦虑、沮丧、失望，也会变得更有耐心、充满信任、善解人意、头脑清醒。这么一来，孩子在父母身边就不用保持戒备或防御心态，也就有机会敞开心扉，接受父母的引导。

我担任生命教练和咨询师三十年来，从来没见过真正糟糕的父母，只见过对孩子毫无办法的父母，因为他们陷入了无效的互动沟通模式。父母会有激烈反应，是因为被孩子的做法惹火了，自然将那些行为视为“不当”或“不好”。因此，父母的反应是试图控制或改变孩子的行为。父母往往将愤怒作为手段，很少或根本没有试着理解孩子行为的用意或目标。这么做的结果可能会让父母满意，也可能不会让父母满意。但无论结果如何，父母将来都会继续以同样的方式做出回应，从而形成惯性模式。我将陷入这种模式的父母称为“控制型父母”。

控制型父母似乎并不理解，或甚至不想深入理解孩子的心理或情绪，只关注将孩子塑造成自己心目中的“理想小孩”。在这种情况下，孩子可能会跟父母渐渐疏远，通常只剩下“孝”这唯一的情感纽带。而当父母把“孝”看得比爱、理解和接纳更重要，就会成为自己孩子眼中的陌生人。

还有一种类型的父母在世界范围内越来越多，我称之为“智慧型父母”。这种父母努力理解并认清孩子潜在的独特本质和天赋才华。凭借着耐心、坚定、同理心和对孩子的信任，智慧型父母引导孩子经历众多阶段和挑战，以身作则教导孩子从生活中吸取教训。

智慧型父母不会浪费时间去想孩子为什么会有某种行为，也不会思考孩子有哪里“不对劲”。他们不会试图弄清或解决孩子的问题，因为:（1）任何情况都有上百万个影响因素，凭借人类的智慧最多只能解读其中几十个；（2）智慧型父母知道问题其实是天赐的教训。一旦吸取教训，就可以：（1）更睿智地对孩子做出回应；（2）利用藏在问题背后的天赐良机；（3）以身作则给孩子做示范，如何处理未来生活中遇到的问题。（面对现实吧：我们本来就是孩子的榜样。问题在于，我们是什么样的榜样，又想成为什么样的榜样？）

在育儿过程中，我们都想做到平静、智慧、头脑清醒、富于同情、始终如一。但如果我们缺少智慧呢？如果我们被愤怒、焦虑和压力弄得头昏脑涨呢？“十分钟奇迹”课程旨在培养智慧型父母。这种父母深知，如果在心中留出更多空间任智慧滋长，就没有那么多空间让愤怒、焦虑和压力融入跟孩子的互动中。本课程设计的练习每天只需十分钟，有时每周只需十分钟，因为你的生活中育儿和工作已经排得很满，也许没有多少空余时间了。因此，这些练习关注的是质，而不是量。（请注意，虽然本书第二部分建议以特定形式练习“十分钟奇迹”，但你也可以根据自己的生活方式自行安排。）

你也许会觉得本书极具挑战性，因为其中的理念和建议并非源于

“传统”育儿方法。读者也许会有一大堆疑问，所以我将本书分为两部分——故事和练习。故事是一位虚构的老师给一小群虚构的父母讲课。希望这些父母提出了你心中的疑问。第一部分虽然是以故事形式呈现的，但具体内容源于我担任咨询师和生命教练的真实经历，来自我三十多年职业生涯中众多案主的陈述和提问。

练习部分清晰描述了故事部分提到的十三项练习，附有说明和补充信息。如果你想直接进入课程，欢迎从第二部分读起。每周都有一项练习，但你也可以根据自己的生活方式自行安排。

如果你已经准备好了，不妨迈出第一小步……

克里斯多福·孟

目　录
Contents

/ 故事 /

练习

第一部分

PART One

第一章 了解自己

“感谢大家报名上这门课，也感谢大家今晚来到这里。”我在排成弧形的座椅内圈走动，尽可能跟学员们进行眼神接触。“真的很感谢大家来到这里，所以我就直接进入正题吧。首先，我要说，为人父母并不是世界上最难的工作之一。”这番话似乎让不少学员大吃一惊，但我接着往下说，“它是世界上最难的工作，没有之一！大多数工作都需要多年的培训和考核才能上任，而为人父母这么复杂烦琐的工作，刚上任的却是几乎毫无准备的新手。事实上，你的第一个孩子出生的那一刻，你这个做父母的才刚刚‘出生’！你之前接受的教育完全来自你的父母，而他们也不知道自己到底在做什么！”最后一句话引起了底下不少笑声。

我努力不让空椅子害得自己分心或气馁。原本有二十二个人报名参加我为期三个月的“十分钟奇迹”课程，但现在有十张椅子是空着的。通常在工作坊和研修班上，我会将座椅排成弧形，但如今座席上只稀稀拉拉散落着十二个人。最后一刻有几个人打退堂鼓并不少见，但将近一半的人都没来？这是从来没有过的事。我心想，好吧，做父母的都没多少空闲时间，三个月算是重大承诺了。有十二个人能来已经不错了！不知道有几个能坚持到底……这群学员相当多元化，有男有女，分别来自中国、肯尼亚、韩国和北美。语言不是问题，但我猜文化差异可能会带来挑战。

“我还要打消你们可能有的期待，觉得这门课能教你们纠正孩子，或者是纠正孩子的问题。首先，孩子不需要被‘纠正’；其次，问题是生命中的常态。你刚解决一个问题，另一个问题就会冒出来。回到我说的第一点：孩子不需要被‘纠正’。他们需要的是成长，这包括时常面对自己的局限性。有些局限性会对他们构成挑战，甚至让他们感到挫败。他们可能会在学业、社交、事业上陷入困境，甚至走路、说话都会有困难。成长取决于如何面对自己的恐惧和局限性。所以，如果你觉得孩子有什么不对劲，也许是你看待他们的方式不对。这对你和孩子都没有好处。

“这就引出了第二点：问题是生命中的常态。我想强调一下，孩子需要遇到问题，这一点非常重要。当然，我们想保护孩子，不想让世界上的种种挑战伤到他们，永远都不想看见他们痛苦难过。但再强调一遍，如何应对问题带来的痛苦难过，将决定他们如何成长。我们必须学会不去干预他们的成长过程，给他们父母能给孩子的最重要的东西。谁能猜到是什么？”我在排成弧形的座椅内圈走动，等待有人回答。

“忠告！”一位男士大声说。

“管教。”另一位男士猜道。

“爱？”一位女士猜测。接下来，其他学员也各抒己见。

“理解！”

“倾听！”

“钱！”这引起了阵阵笑声。另一位女士大声说“手机！”，又引起一阵大笑。笑声渐渐停歇后，大家继续猜测。同情、智慧、理性思考、教给他们自己知道的东西、常识、正向思考……最后，我身后的两个声音喊出了我期待已久的答案。

“鼓励！”我转过身，看见一对华人夫妇异口同声地说出。

“没错！”我微笑着说，“你们赢了。鼓励是你们能给孩子的最棒的礼物。”

“我还是觉得我儿子更喜欢钱和手机。”另一位男士嘟囔了一句，引起了更多的笑声。我也笑了，然后转身望向那对夫妇。

“既然你们赢了，就获得了先回答第二个问题的特权。”

“呃，其实我们之前听过您的演讲。”那位妻子承认。

“没关系。你们还是可以先回答这个问题：父母想要养好孩子，最重要的一点是什么？”

夫妇俩思索了一会儿，妻子突然眼睛一亮，说道：“耐心！”

“没错，”丈夫表示赞同，然后摇了摇头，露出一脸疲惫，“无限的耐心。”

“你父母对你有耐心吗？”我问。

“我不记得小时候的事了，”他耸了耸肩，双臂交叉，抱在胸前。在他的名牌被遮住之前，我瞥见他姓马。

“他父亲脾气不好，”他妻子怡茗告诉我，“他小时候常常挨揍——这是他母亲告诉我的。”

“过去的事已经过去了。”马先生又耸了耸肩。

“你对你的孩子有耐心吗？”

“我从来没打过他！”马先生的口气突然变得咄咄逼人。

“你对你的孩子有耐心吗？”我又问了一遍。

“我努力过，可我儿子实在太难搞了！希望您能教教我怎么对付他。”

“他经常冲儿子大吼大叫。”怡茗说。

“因为他就像聋了似的！”马先生立刻反驳。

“如果你总是大吼大叫，他真会聋掉的。”

“我要问你们和所有人一个问题，”我打断了夫妇俩的争执，“这跟这门课的目的有关。不过，我要先向大家说明一下这门课。”我继续在排成弧形的座椅内圈踱步，“每一周，我都会让你们有机会跟孩子练习某种特定行为或态度。有些每天要花十分钟，有些可能一整周只要十分钟。我称之为‘十分钟育儿奇迹’。十分钟听起来并不多，但我会要你们比平常多花十分钟关注孩子。我敢打赌，这里有一半的人都找不出时间做这个课后任务。你们也许会觉得很难办到，刚开始也看不出这能解决什么问题。但我想请你们试试看。就像我之前说过的，这门课不是用来纠正你们的孩子或他们的问题的。”我保持沉默，继续踱步，等某个人提出不可避免的疑问。一位女士举起了手。她是我以前的案主，名叫安妮，是跟丈夫基斯一起来上课的。

“我不懂。我儿子不肯做作业，这怎么能帮我管教他？”其他学员也点头表示赞同。

“你觉得耐心能帮你管教儿子吗？”

“当然了。可是……”

“智慧呢？能不能帮到你？”

“能是能，可是没法……”

“那平静清醒的头脑，还有平和的心态呢？理解……同情……信任……这些能帮你更有效地管教孩子吗？”

“当然能，可是……”我举起手打断了她，很高兴她戛然而止。

“我知道，你希望我告诉你该怎么办。但我认为，即使我为你指出了正确的方向，那也是缘于你内心同样具备的智慧和清明。所以说，等于是你自己背包里有水，却问我要水喝。”有几个人举起了手，但我只是微微一笑，继续介绍课程。

“请先让我说完。这就是我想问大家的问题：如果你们都知道，耐心、智慧、头脑清醒、心态平和，还有我提到的其他所有特质，是成为高效父母的重要因素，那么在哪里能找到这些特质？”大家沉默了一会儿，然后有人说：“我们的内心。”

“要怎么表现出那些特质，让它们茁壮成长？”我转身问马先生，“是什么阻止了你父亲表现出那些特质？”

“因为他是个浑蛋！”他低声嘟囔了一句，但其他人都听见了。不少学员不约而同地倒吸了一口凉气。很少有人公开对父母如此不敬，尤其是在课程的第一天。就连我都惊讶万分。马先生双臂交叉，紧紧抱在胸前，低头盯着地板。

“也许他确实是个浑蛋，也许他只是情绪不成熟，”我说，“他没有采取别的行为方式，是因为他无法阻止自己陷入愤怒——也许你也有同样的问题。你五六岁的时候，你父亲有多大年纪？”

“我也说不好，大概二十八九岁吧。”马先生没有抬头。

“好的，那是他的实际年龄。他的心智年龄大概也差不多。”（说实话，我觉得人的心智成长并没有那么快，但我不想跑题。）

“也许吧。”马先生勉强同意。

“但你觉得他的情绪年龄有几岁？”

“我没懂您的意思。”

“呃，他经常发火，据说经常欺负你、揍你。这听起来像个有智慧、有耐心、情绪成熟的男子汉吗？”

“不像，”马先生承认，抬头看着我，“更像个八岁的小孩。”接着，他又嘟囔了一句，“八岁的浑蛋。”

“我觉得像六岁。”怡茗补了一句。

“更像是两三岁，”我说，“所以说，你当时六岁，被身体年龄三十岁、情绪年龄只有三岁的男人管教。欢迎来到为人父母的世界。考虑到你父亲成长的年代，他已经努力做到最好了。现在，花十分钟审视一下你对儿子生气时的做法，告诉我，你觉得自己的情绪年龄有几岁？”马先生思考了一分钟，其他学员似乎也问了自己同样的问题。

读者你呢？审视一下你对孩子生气时的做法，你觉得自己的情绪年龄有几岁？

“大概六岁吧。”马先生终于开口了。

“你同意他的估计吗？”我问怡茗。

“差不多吧。”她回答，但有点犹豫。我能看出她并不赞同，但又不想让丈夫丢脸。随后，我转身面对全体学员。

“你们其他人呢？”我请他们估计自己五六岁时，自己父亲的情绪年龄。接着，我又问了他们母亲的情绪年龄。我先喊出一个数字，从十二岁一个个往下数，让大家在听到相应岁数时举手。令人惊讶的是，有一位女士在我喊“十一岁”时举起了手。我觉得这不大可能，但什么也没说。在我喊到“六岁”时才开始有其他人举手，大多人是在喊到“两岁”和“三岁”的时候举手。结果显示，大部分母亲的情绪年龄似乎要比父亲大上一两岁。一位名牌上写着“敏贞”的女士举起了手。我请她发言。

“真是太神奇了！”她大声宣布，“我之前都没意识到，我父母其实自己也是没经验的小屁孩！我父亲比我母亲大二十岁，但比她还不成熟！”

“然而，在学习做父母这方面，他们却是你的老师。在婚姻、性爱、生活这些方面，他们也是你的老师。当你离开家，组建自己的小家庭时，你的情绪年龄跟他们完全一样。”

“您也有跟我们一样的遭遇吗？”敏贞问。班上有两名单身母亲，她是其中之一。

“很接近，只有一点不一样。第一个孩子出生的时候，我猜我的情绪年龄是八岁。”我又想了几秒钟，然后说，“可能是七岁半吧。”

“怎么计算情绪年龄？”一位男士问。

“没有所谓科学的方法。我用的方法没有经过验证，主要是靠直觉。我观察大家对惹人发火的情况有什么反应，他们用愤怒、责怪、抱怨和类似的做法试图控制情况的频率。越容易做出情绪化的不负责行为，情绪年龄就越小。就像之前说的，我只是靠直觉来描述一件事：如果想有智慧、有耐心、头脑清醒地对待自己的孩子，我们就必须长大。这门课讲的不是怎么培养孩子，而是怎么培养父母！”让我惊讶的是，大家开始轻轻鼓掌。我突然意识到，这门课也许比我预想的更能帮助大家。

“我做咨询师的时候，几乎所有来找我的父母都会提出一个请求：请告诉我怎么纠正我的孩子（或我孩子的问题）。他们很少会请我帮忙，想成为更高效的父母，用智慧和爱回应惹麻烦的孩子。不，他们几乎总是告诉我孩子有什么不对劲，想知道怎么才能改变孩子。

“所以，欢迎你们每周二晚上来这里。我们会讨论为人父母面临的种种挑战。每晚下课前，我会给你们布置一项‘十分钟奇迹’课后任务。希望你们能按时完成，并在下周二回来讨论自己的体验——关于自己，关于自己为人父母的做法，关于愤怒、焦虑等情绪如何影响自己和孩子的关系，你们学到了什么。”

接下来的一个小时，我听各位父母分享自己为什么来这里，他们跟孩子之间出现了什么问题。至少有五六个分享都以同样的问题作结：我该怎么办？这也是父母对咨询师提出的典型问题。有一位女士——她的名牌一片空白——坐在远离其他人的地方。她戴着墨镜，穿着长款外套——虽然房间里并不冷。我请她跟大家分享，她只是摇了摇头，轻声说："我还没准备好。"

最后一对夫妇结束分享后，我们还剩下大约三十分钟。于是，我打开了投影仪。等投影仪预热的时候，我对大家说："在给你们布置第一项'奇迹任务'之前，我想先提出一个激进的观点。我认为，不管你们遇上了什么样的亲子挑战，都是有意义的。这不是坏事，也不是倒霉，更不是因为你或你的伴侣做错了什么。我认为，这个问题或挑战的存在对你有好处，是为了帮你实现情绪上的成长，在孩子的教导下成为智慧、有爱、高效的父母。所以，让我们做出承诺，承诺成为你们想要成为的父母。"这时，屏幕上出现了以下文字：

情绪化父母	智慧型父母
真诚善意	真诚善意
容易失去耐心	练习保持耐心
过度担心孩子	学习信任孩子
习惯教训孩子	沟通时倾听多于说教
容易生气，经常发火	控制情绪，消弭愤怒
习惯批评孩子的缺点	认清孩子优秀的本质

做法让孩子受挫气馁　　专注打造鼓励孩子的环境

试图纠正孩子的问题　　帮助孩子面对问题，实现成长

孩子不听话就吼叫，运用惩罚或威胁

跟孩子沟通，弄清是什么影响了孩子的行为

父母说一不二，要求孩子服从

努力实现亲子协作

情绪化地思考　　头脑清醒地思考

向大家大声宣读上述文字后，我说："两种育儿之道都没有错，只是反映了不同的情绪成熟度。在这个世界上，许多父母的情绪年龄都比实际年龄小。一个人在情绪上越不成熟，就越难进行清醒明智的思考。愤怒和焦虑会在头脑中形成噪声，盖过轻微而清晰的心声，以及人们原本就有的智慧和常识。所以，当他们跟孩子之间出现问题时，他们的头脑中会充满愤怒和焦虑引发的噪声，从而不自觉地采取冲动行为。"

"所以我们不该对孩子生气，不该为孩子担心？"马先生挑衅地说，"办不到！"

"不是办不到——只是非常非常难。之所以会这么难，是因为：首先，愤怒和焦虑是冲动反应，会不自觉地产生。所以，在它们占据头脑之前，你很难事先做出防范。等情况愈演愈烈，就更难阻止了。其次，愤怒和焦虑会让父母产生幻觉，以为自己有能力控制孩子，所以为什么要放弃呢？"

"没错！如果我不发火，儿子就不会听我的，也不会尊重我。

您知道现在十三岁的男孩是什么样子吗？如果他不做功课，而我只是拍拍他的脑袋，夸他‘乖孩子’，他就会利用我的软弱，考试就会不及格。”

“在这个世界上，有些人很少会对孩子发火，”我解释说，“他们意志坚定，会耐心地想办法，鼓励孩子做功课，而不是依赖愤怒和威吓，因为那只会使亲子之间出现隔阂。说到引导孩子，发火似乎是最迅速的解决方案。但从长远来看，这种短期策略就不管用了。况且，滥用愤怒会让你，也就是父母，无法实现进一步的情绪成熟，无法掌控自己的情绪。如果你不是自己情绪的主宰，就只会沦为情绪的奴隶。”

“所以我发火是错的？”马先生问，仍然双臂交叉抱在胸前。他太太用中文对他轻声说了几句话，他也同样轻声作答，“我不是想驳他的面子——他是老师，我想学东西。”

“发火不是错的，只是没用，”我回答，“如果你想学东西，你希望被哪种老师教？是总在发火、批评、挑错、没耐心、对你付出的努力不满意的，还是有耐心且坚定、鼓励但不溺爱、充满同情而不带优越感、充满智慧且思路清晰的？”

“呃，除非我想当兵，否则应该会想要后一种。”马先生答道。

“也许军人也会从后一种老师那里获益。现在，想象一下，那个老师整天跟你住在一起，要共同生活好多年。”

“那我肯定更想要后一种。我懂您的意思了——我不光是儿子的父亲，也是他的老师。”

“对，如果你能不断成长，突破不自觉的冲动行为，努力成为智慧型父母，你就会更欣赏自己，也会跟孩子建立更温暖、更密切的情感纽带。你的孩子也会有一个活生生的榜样，得到一位睿智导师的指引。言语是廉价的，但展示人类真正潜能的鲜活榜样是无价的。”

“好的，我懂了。反正老对儿子发火我也腻了！接下来该怎么做？”

练习一

观察孩子

“你们本周的任务是每天花十分钟观察孩子。单纯地看着孩子，仿佛他们是陌生人，你只是对他们感到好奇。不要直勾勾地盯着他们——那样可能会让他们觉得不自在。小心一点，别让他们发现。观察他们的性格、言谈举止和交流方式——跟你和其他人交流时的方式。有意识地加深对孩子的了解。不要跟孩子说话，只是尽可能观察和倾听，这么做的效果最好。你们每天只需要花十分钟——”

“我女儿上的是寄宿学校。”一位名叫贾马尔的男士打断了我。他和妻子梅薇斯来自肯尼亚。“我们只有在周末才能见到她。”

“如果可以的话，每天打个电话给她，问问她这一天过得怎么样。注意她跟你说话的口气。她的声音是不是带着防备？听起来是开心还是不开心？口气是比言语更明确的标志。所以，认真听她说话的口气，问她一些问题，让她尽量多说点话。

“另一种练习方式是每天找一张她不同的照片，花十分钟研究照片，看看是不是每天都能发现她的一种新特质。根据实际情况，尽力而为就好。”

“十分钟不算多。”另一位男士开口了。他名叫布拉德，我认识他和他太太珍妮特已经好些年了。他们有一儿一女，儿子七岁，女儿九岁。“这么做能有效果吗？我是说，我想提升自己，可每方面都得花很多时间和精力。节食、健身、冥想……要付出的时间都比每天十分钟多得多。”

“对，但节食、健身、冥想最多能坚持几周就不错了。因为有时候人会贪多嚼不烂，等于是自寻失败。”

“他说得对，布拉德。你就没有哪件事能坚持超过三周。”珍妮特忍不住插嘴。

“才怪呢！”布拉德反驳，“我玩《使命召唤》都一年多了！”

听他提起热门电子游戏，珍妮特翻了个白眼。“我是说，有益健康的事，你都坚持不下去。”

“嘿，我刚从新闻上读到，玩电子游戏能预防老年痴呆——那可不是有益健康！”有几个学员忍不住咯咯直乐。

“但愿它能帮你减掉啤酒肚。”珍妮特撑了回去，惹得大家哈哈大笑。布拉德把手搁在肚腩上，不好意思地笑了。

“这不是啤酒肚——这是爱，里面装满了对你的爱。”

我决定把大家拽回正题，就问布拉德：“布拉德，你有没有听过这个说法：千里之行始于一小步？”

“没有，”他一脸嘲讽地答道，“我大概是全世界唯一一个没听过的。”

“第一步后的每一步都是同样的一小步。不是说千里之行始于第一跃，也不是说千里之行始于一大步。缓慢稳定地推进才能赢得比赛。不要专注于目的地，而要专注于你的下一步。”我转身对大家说，“你们已经迈出了第一小步——就是今晚来到这里。你们的下一小步是每天花十分钟观察孩子。也就是说，你们要抽出十分钟，只是看着孩子，注意孩子性格、态度、行为上你从来没有注意过的东西。不要做得太明显。把自己想象成屋子角落里一台没人注意的摄像机，把镜头对准孩子，单纯只是观察。”

“这么做有什么意义？”一位女学员提出了疑问。

“这么做本身并没有什么重大意义，但它是一段漫长旅程重要的第一步。它有的比较小的意义是跟孩子建立更深的情感纽带。亲子之间的情感纽带非常重要。孩子一生中会经历许多创伤，这些创伤都可能切断情感纽带。如果没能化解，这些创伤可能会影响孩子未来的行为，还会让父母和子女越来越疏远。所以，这是你们跟孩子重新联结、重建纽带的第一步。”

“可我有三个孩子。”一位名叫素仙的女士说。她是自己一个人来上课的，身旁两边的座位都空着。

“有两个或更多孩子的父母，可能需要把十分钟平均分配给几个孩子，具体看你有多少空闲时间。十分钟只是个参考。我知道有些父母很忙，但花点时间跟孩子建立情感连接，眼下和将来都会获得巨大的回报。如果你真的只能抽出几分钟，那就充分利用起来。观察你的孩子，看看孩子有没有你过去从来没注意过的性格、特质、态度或行为。”

“所以，接下来的一周，我每天都得花十分钟做这个任务？”

“每天十分钟是最理想的，不过这门课很有弹性。在接下来的一周里，你想抽几天做练习都可以。比时间更重要的是你投入了多少心思。请记住，这些练习是为了帮助你成长，走向情绪成熟，提升智慧，深化理解。这样，当孩子在生活中遇到挑战或困难时，你才能为他们提供支持，做他们活生生的榜样。”

我开始收拾器材，学员们也纷纷起身离开。几分钟后，我感觉身后有人，便转过身来。只见那位名牌空白、安安静静的女士还坐在原处。我一边肩膀扛着装投影仪的箱子，一边肩膀挎着背包，朝她走过去，说我得锁门了。

“谢谢您没逼我开口。”她低声说。

“这是你的权利。”我安慰她。

随后，她告诉了我为什么她不想开口，又是为什么来这里。

第二章 你能听见吗?

“头两天，我花了十分钟想弄清这个练习的意义，”我问有没有人想汇报“观察孩子”练习的感想，布拉德自告奋勇发了言，“接下来的两天，珍妮特替我做了十分钟练习，所以——”

“什么？”我觉得挺有意思，就打断了他，“怎么回事？”

“我贿赂了她。”他说。

“他答应给我一晚上的美食加跳舞，”珍妮特解释说，“结果周六晚上，他带了比萨回家，我们玩了《劲舞革命》——您知道吗？就是那个用跳舞毯的电子游戏……”

“我还没那么老，”我回答，“我女儿也有类似的电子游戏。”

“我把布拉德打得屁滚尿流。那老家伙根本比不过我！”珍妮特骄傲地宣布，博得了不少掌声。

“你的观察练习做得怎么样了？”我问她。

“这个……”她有点闪烁其词，“我觉得我经常陪着孩子，应该很了解他们，所以……”

我转过身，问其他人。

“真的有人做了练习吗？”

“我想，我发现了一个小小的奇迹。”韩裔的朴先生低声说，试探性地举起了手。

“真的吗？”我心想，真的有人做了练习，这本身就是个奇迹了。“跟大家说说吧。”

“嗯，也许没什么大不了的。我跟十来岁的儿子和五岁的女儿一起吃晚餐，静静观察了他们几分钟，然后突然意识到，我竟然真的陪在他们身边。通常，我都沉浸在自己的世界里，想着工作或世界上最近的新闻。通常，我每隔几分钟就会瞄一眼手机。但最近几天晚上，我是真正陪在家人身边，而不光是跟他们待在同一间屋子里。”所有人都沉默了几秒钟，思考朴先生的话。

“我发现我儿子用左手拿汤匙，”三个孩子的母亲素仙主动提出，“但用右手拿筷子。而且，他吃东西吃得很快，舌头还没尝出味道，食物就进到肚子里了！我六岁的女儿很乖，但很安静，似乎一直在观察我们。

“我十来岁的女儿笑起来很美。我都忘了她的笑容有多美了，因为她似乎总是皱着眉头，心情不好。不过，她哥哥说了一句笑话，她笑了起来，就像阳光从窗外照了进来——她的笑容就是那么灿烂。然后，她又变得愁眉苦脸。我还注意到，她总是低头往下看。这是什么意思？她到底哪里不对劲？”啊，又来了，我心想，父母总在寻找孩子不对劲的地方，想弄清怎么才能纠正过来。

“我认为，不该用对错、好坏来评判她，”我提议，“当孩子看起来不开心，父母就会认为他们有什么不对劲。当孩子的做法让父母觉得不自在，父母就会觉得孩子不乖。当孩子遇到重大问题，父母就会认为问题意味着孩子有哪里不对劲。然后，父母会做出回应，试图纠正或改变孩子。你问过女儿是什么让她不开心吗？”

“问过。我说：‘你为什么老是愁眉苦脸的？你住着好房子，吃着好东西，上着最好的学校……你应该感恩才对！”

“我猜这话肯定一下子就让她振奋起来了。”

素仙没听出我在调侃，继续认真地往下说：“没有，她只是继续低头盯着盘子，说她没事。”

“你经常这样给她鼓劲吗？”

“我只是想让她开心起来。我讨厌看见我的孩子不开心。不过这一回，我继续观察她。每当我儿子说了什么，她就会抬起头，表情也变柔和了。但每当我或丈夫说话，她就始终低着头，盯着盘子。就连吃完饭离开餐桌的时候，她也继续低头盯着地板。我该怎么办啊？”在作答之前，我犹豫了片刻。这位母亲遇到的问题其实是大问题的一部分，但我觉得她很难认清这一点。她关注的是大问题的一小部分，却以为只要调整那个部分，一切都会变得完美无缺。我想解释这个道理，但又担心会占用太多时间。

“呃，也许你可以从意识到自己的行为模式、意识到你对孩子的惯性反应开始。也许，你认为对孩子说教，教他们要开心、要感恩，会对他们有所帮助。不过，我猜你这么做已经有好些年了，对吗？”

“对，我和丈夫从研修班上学到的。”

“什么研修班？”我问。

“噢，您懂的，就是讲自我激励和正向思考的那种。老师说，每天练习感恩会让你变得更积极、更快乐。我知道练习感恩让我感觉好多了。所以，看见女儿心情不好，我就觉得，如果她能学会正向思考和感恩，也能变得更快乐。”我注意到，其他学员也点头表示赞同。

“我也说不好，”我耸了耸肩，“也许你说得没错。但在过去几千年里，父母对孩子说教或训话似乎都不怎么管用。通常我们这么做是为了觉得自己没错，想让孩子按我们的想法去做。这也是我们称为‘管教’的许多做法的动机。对孩子大吼大叫、批评、威胁、惩罚、笼络、抱怨……父母用这些方法逼孩子去做自己想让他们做的事。这些方法没什么不对，但并不总是管用。更重要的是，就算这些方法显然不管用，我们还是继续这么做！

“我们听说了某些育儿技巧，用在了自己的孩子身上。如果看起来管用，我们就会觉得那个技巧好，但如果孩子反应不对，我们就会怪孩子。当孩子并不觉得需要感恩的时候，期待孩子心生感激，不但是不切实际，还会适得其反。”

“所以，我只要观察女儿，就能让她开心？”

“不，但这么做有助于你理解她，理解会促使你换一种沟通方式。如果两个人陷入了重复的行为模式，其中一个人挣脱了，另一个人也能有机会挣脱。你和女儿陷入了惯性模式：你不停地告诉她该有什么感觉，而她一直无视你。这是典型的权力斗争。”

“但观察孩子怎么能帮我摆脱这种模式？”素仙一脸挫败地问。

“我同意素仙说的，”基斯表示，他太太安妮也点头赞成，“我注意到我儿子没做功课。这事很严重。十分钟后，我还是得逼他去做功课。”

“你是用平常的方式对他说话的吗？”我问。

“比那还糟！观察他坐在书桌前拖拖拉拉，害得我火冒三丈。最后，我忍不住对他发了火。我没揍他，但是提高了嗓门。”

“你呢，安妮？”我转身问他太太。

“我？噢，我就进厨房洗碗去了。听基斯冲贝伦大吼大叫，我会难受，会紧张。”

“不然我还能怎么办？”基斯不耐烦地说，“那小子简直叫人抓狂！观察他让情况变得更糟了！”

“对，但也许你不是在观察他，”我说，“也许你只是在看他，就像你平常做的那样。所以，你看到了一贯看见的东西。我要你去打破那个模式，发现儿子全新的一面。听着，你的惯性模式让你觉得不自在的局面维持了下去，可你还是继续重复原有的模式，期待能有不同的结果。”我面对全班，跟每个人做眼神交流——但不是所有人都在看着我。

“想象你在树林里迷了路，游荡了好几个星期，想要找到出路。有一天，你发现了两件事：第一，你一直在兜圈子；第二，你的孩子一直跟在你后面。于是，你开始朝反方向走。但又过了好几个星期，你发现自己还在兜圈子。你继续兜着圈子走呀走，发现孩子继续跟在你后面，靠你寻找出路。但总有一天，他们会厌倦这么做，开始自己找路。不过，因为他们只跟你学到了兜圈子，结果也会跟你一样，只是到树林里的另一片区域兜圈子罢了。如果他们敢于反叛，可能会走反方向，但兜圈子就是兜圈子，最后哪里也去不了。明白这个道理后，你可能会下定决心，朝新的方向迈出一步，保持直线前进。一旦这么做了，你就会发现树林地面上有个指南针。真是个奇迹啊！出乎意料而有好结果的事。”

读者你呢？你对孩子的不良行为是否有类似的反应？你的孩子是否做出了类似的回应？谁更有可能率先打破这种无效模式？

“如果父母不成长，对于孩子的不良行为或问题，每次都会以同样的方式做出回应：愤怒、沮丧、恼火、说教、笼络、抱怨或其他冲动的情绪反应。他们每次都会重复同样的行为，得到同样或更糟的结果，永远都不会发现自己在兜圈子，孩子们紧紧跟在后面。在对孩子的行为做出回应之前，你最好先了解孩子。要了解孩子，就必须先了解自己。我提供的这些练习有三个目的：了解自己，了解孩子，然后靠智慧、同理心和清醒的头脑做出回应。”

“但观察孩子怎么能帮我了解自己？”素仙问。

“它已经帮你意识到了，看见孩子不开心的时候，你就是被困在了重复的行为模式中。你越能觉察到这种习惯，就越有机会摆脱它，走出直路来。请耐心点。一次一小步，最后能走出很远。说到一小步，你们接下来的一小步能帮你们改掉教训孩子的习惯。这一步就是纯粹地倾听。”

练习二

倾听孩子

“我要请父母跟孩子展开对话。其中百分之九十到百分之九十五的时间，你们都要倾听，对他们充满兴趣，问他们这一天过得怎么样、遇上了什么有趣的事、面临的最大挑战是什么。当你想要打断孩子、聊自己的事、提出建议或给出并非鼓励的反馈时，请及时意识到。别让自己回到习惯的做法，只要继续倾听。

“显然，你们要根据孩子的年龄或性格调整谈话内容。因此，我列出了一系列可能阻碍这个练习的情况。”屏幕上浮现出以下文字：

1. 我的孩子太小，没法跟他对话
2. 我的孩子整晚都把自己关在屋里
3. 我的孩子什么也不说，没法沟通
4. 我一提问孩子就发火
5. 作为家长，我不习惯倾听
6. 我太忙了

“为人父母总会遇到阻碍，所以练习‘十分钟奇迹’的时候不要期待一切完美。根据当下的情况尽力而为就好。寻找跟孩子聊天的机会，给予他们全部的关注。专注于倾听，就会更容易把注意力放在孩子身上，而不是总想着自己要说什么。”

“我也说不好，”马先生说，“我觉得我的观察练习没做对，所以不知道这次能不能做好。这次的练习感觉更难。”

“你有每天都做十分钟观察练习吗？”

“呃……其实没有。我有几次回家太晚，错过了机会。而且，我也没做满十分钟，平均下来大概每天五六分钟吧……不好意思。”

“你已经比过去每周多给孩子留出三十五到四十二分钟了。这告诉了你两件事：首先，如果真的想要的话，你完全能挤出时间留给孩子；其次，你很重视孩子，愿意付出努力，跳出自己的舒适区。这已经很棒了！朋友，小小的一步，只是小小的一步。请信任这个过程，看看你这周能不能再挤出四十二分钟，真正倾听孩子说话。”

第三章 孩子你真棒！我也很厉害吧！

“我的大女儿不肯跟我说话，也不肯跟我太太说话。”发言的是这周二晚上来的一名新学员。显然，素仙说服丈夫海元跟她一起做每周练习，这让他也想来上课了。

“真遗憾。”我表示同情。

“我十五岁的儿子棒极了！我了解了他喜欢的科目，还有他在玩的电脑游戏。我还发现，那些网络游戏会让父母花好多钱！我们甚至讨论了他以后考虑做什么工作。”

“你听见了吗，亲爱的？”基斯扭头问妻子，“他能跟儿子聊工作，我却没法叫贝伦按时起床上学！”安妮没有回答，故意扭过头去听海元继续说。

“小女儿真让我大吃一惊！她跟我聊了她的朋友们，她们是怎么相处的，她的老师脾气有多不好，还有她喜欢班上一个男生……就像小女孩的身体里藏着一位睿智的老妇人！

“可我的大女儿……我的小舅子告诉过我，十来岁的女孩有多叫人头疼，可我从来没想过，我的小宝贝竟然会变成这样……这样……这样一个陌生人！我问她这一天过得怎么样，她只说了句‘还行’，就继续吃东西了。我又问她最近有什么新鲜事，她只说了句‘没有’。她妈妈问她学校里怎么样，她直接站起来离开了餐桌。那是两天前的事了，后来她再也没跟我说过一句话。”

“那你肯定很难受，”我说，“不过听起来，你女儿表达的意思很清楚，也许你只是不喜欢她说的东西。很多人都不知道，沟通包括言语、肢体语言和说话口气，其中最重要的是肢体语言，接下来是说话口气。言语是沟通中最不重要的部分。根据你的描述，我要说，你女儿传达了几个信息。”我走向白板，用黑色马克笔列出了一份清单：

1. 你不了解我
2. 我跟你说话很不自在
3. 我很抑郁
4. 你觉得我不重要
5. 你不在乎我，所以我也不在乎你
6. 我再也不需要你了

“我发现，用耳朵、眼睛和心灵来倾听会很管用。你觉得，如果平静地倾听自己的心声，会听见女儿对你和妻子说了什么？”

海元沉思了几秒钟。

“她不开心，那是我们的错。”他回答。

“也许你说得对。十来岁的孩子会传达给父母这样的信息，这很不寻常。倾听你的心声——也就是你的直觉——是一种很简单的方法，能了解你女儿传达的信息。你也可以用另一种方法，那就是关注倾听和观察女儿时你自己的身体感受。注意你内心浮现的种种感觉或情绪。如果你对她的做法感到心烦，但不是特别气愤，她可能只是想引起你的关注。如果你真的生气了，觉得她不尊重你，或是在挑战你的权威，那她可能是在跟你进行权力斗争。”

“素仙很生气，说她不该对父母这样，甚至在她回了房间后，站在门外冲她大吼大叫。我倒没生气，其实只是吃惊，而且……我也说不好，有点伤心。她以前是个甜美乖巧的小姑娘，看见我回家总是很高兴。她现在到底怎么了啊？”

“也许你不回家吃晚饭，她就该离家出走了。”素仙低声埋怨。

“呃，我现在都回家吃晚饭了，不是吗？”她丈夫回嘴。

我试着把他们的注意力引回讨论的话题。“你觉得吃惊又伤心，通常意味着你觉得孩子在报复父母。她想要伤害你，就像你伤她伤得那么深。所以，虽然你妻子把女儿传达的信息解读成挑衅，但你却觉得是报复。你们都忽略了女儿真正想表达的东西——她感觉很受挫。她其实是在说：‘我觉得你们都不重视我，我跟你们疏远了。’当然，你女儿可能并不清楚自己的内心感受，只是不自觉地对内心的挫败感做出了回应。”然后，我对全班说了下面这段话。

“人的一生中通常都有对重要性和归属感的需求。我们想知道自己是特别的，想拥有有意义的情感连接。孩子表达这些需求的方式比成人明显，因为随着年龄的增长，我们渐渐不想被别人看见自己有这些需求，免得被视为软弱——我们觉得表达需求是错的。但每当你们试图证明自己的价值，或是跟伴侣争吵，或是想让对方难受，就是因不自觉地体会到，自己对重要性和归属感的需求没有得到满足。你们的孩子也有这些需求，也一直因为需求没有得到满足而感到受挫。”

“我觉得儿子在跟我进行权力斗争，”基斯说，“我是说，如果您说的是真的，我能根据自己的感受看出来的话。他只是坐在书桌前，不是做白日梦，就是乱涂乱画，但我觉得他其实是在对我竖中指。真是气死我了！”

“我的女儿更明显，”布拉德也说，“不管我请她做什么，她都说‘不’。”

“你从来都不‘请’她，”珍妮特纠正了他的说法，“你只是命令她。”

“请她，叫她……有什么区别吗？反正她都不会去做。就算我扇她巴掌，她也不肯乖乖听话。”

“你扇她巴掌？”安妮大吃一惊。

“嗯，我只是拍了一下她的后脑勺，叫她放聪明点。她根本不在意的。”

“是吗？那叫虐待儿童！”安妮抗议。

“你瞧，我就说嘛！”珍妮特得意地宣布。

“嘿，我又不是每天都这样，也没有狠狠揍她！我只是想引起她的注意！看在老天的分上，只是轻轻敲打一下啦！”

我觉得这个时候我最好还是介入一下。“布拉德，我想建议你跟社会福利部门确认一下。”我提议，“也许在确认过之前，最好还是别再‘敲打’孩子了。”

“嘿，今天是什么日子啊？人人都来找布拉德的碴儿！”他似乎真的有点生气了。

“我倒挺喜欢这个日子的！”珍妮特咯咯直笑。这似乎让她丈夫消了点气。

“这算什么呀！”贾马尔大声说，“我爸会挥着皮带追着我在家里跑，一抓住就狠狠抽我，右手抽累了就换左手。只要我不守规矩，就是皮带伺候。”

“我爸根本不需要理由。”马先生满腹怨气地说。

“我爸倒是有理由，”贾马尔说，“但他很擅长编理由。”接下来，大家主动聊起了自己的父母是怎么体罚孩子的。少数没有挨揍的人也遭受了言语暴力——批评、鄙视、羞辱、威胁等。通常父母只有一方会这么对待孩子，但少数学员父母双方都是如此——有时候就连祖父母也是！

“好了，我们大部分人都是在体罚、责骂的环境中长大的。你们大多数人都表示不想把这些东西传给孩子，我觉得这一点很好。但你们无法避免犯下跟父母同样的错误，除非你们能理解自己和孩子内心的挫败感。不管他们是想吸引关注、争夺权力、报复还是自暴自弃，如果你们不理解他们的内心感受，就会一直想要改变他们的做法。请记住，你们视为‘不良行为’的东西，其实是他们的挫败感传递的信息。”

“但我儿子和小女儿就不会这样——他们看起来都很开心。”海元忍不住插话，“为什么我的大女儿总是心情不好？我们对三个孩子是一模一样的。”

“我猜你的孩子们不是这么想的。总之，对于自己的需求和挫败感，我们每个人会有不同的反应。你儿子也许表现得开心，好赢得你的赞许。只要他的行为得到了积极正面的反馈，他就会继续这么做。也许他很想获得成功，好让父母为他骄傲，所以他看起来总是积极向上，充满动力。然而，如果他爱上了某个人，对方却不爱他，你就可能看见他坠入挫败的深渊，也就是所谓的‘抑郁’。但只要他保持积极向上，他就不会觉察到自己内心的需求和挫败感。也许你的大女儿更容易自责或产生负面情绪，所以她受挫败感的影响更明显。所有人，不管是大人还是孩子，都会以不同的方式应对挫败感。

“我想说的是，你跟孩子沟通的时候，不管是静静倾听还是开口交谈，如果能觉察到自己的内心感受，就能更好地理解他们。”

我走到放在桌上的笔记本电脑前，边等投影仪预热边浏览文件夹，最后点开了适当的文档。

理解孩子源于受挫的行为

父母感受	孩子行为	受挫程度
中性或快乐	看起来快乐 / 正常	很少或没有

烦躁／恼火	吸引关注	轻度
愤怒／受挑衅	权力斗争	中度
震惊／伤心／遭到背叛	报复	重度
迷茫／无助／无力	自暴自弃	红色警报

我在排成弧形的座椅内圈踱步，为学员们逐点做解释。“如果你对孩子行为的反应是中性或快乐的，孩子当时很可能没有受到挫败感的影响，不觉得极度需要你的赞同或情感连接。

“但如果你对孩子的行为感到烦躁或恼火，他们可能觉得受了忽视或失去了情感连接，正在试图吸引你的注意。他们可能感觉有点受挫，但如果你给予他们更多关注，只要一小会儿，他们通常就会恢复快乐状态。如果他们没有得到你的注意或赞同，就可能变得更受挫，从‘吸引关注’进入下一阶段‘权力斗争’。

“如果你被孩子的不尊重、不服从激怒了，觉得他们是在挑衅，孩子可能是在刺激你进入‘权力斗争’，以便觉得自己很重要，获得情感连接。如果他们没法从你身上得到鼓励和关注，就会想方设法惹你生气。因为在孩子心目中，惩罚他们的父母也比忽略他们的父母好。

“如果你对孩子的行为感到震惊、伤心或觉得受了背叛，孩子很可能感觉失去了跟父母的情感连接。这种感觉是如此强烈，以至于他们能想到的唯一应对方式，就是像你伤害他们一样伤害你。这叫作‘报复’。

“如果你感到迷茫、无助或无力，因为孩子似乎完全疏远了你，根本无法触及，孩子很可能陷入了‘自暴自弃’的状态——受挫程度是如此之深，以至于他们彻底放弃了希望，不再想从你身上获得重要性或归属感。好了，大家有没有问题？”

亲爱的读者，你也许可以通过自己的体验（而不是你对孩子行为的推测）来审视你和孩子的互动。如果只是假设孩子行为不当，可能会导致忽略互动中你的部分，忽略你自己的内心感受。如果能充分觉察自己的体验，就能更好地理解自己和孩子，跟孩子保持情感连接，而不是断定他们的做法是错的，切断跟他们的情感连接。

接下来的十五分钟，我回答了大家提出的问题，然后继续跟海元一问一答。海元问：“可如果女儿想对我们表达什么，为什么我和太太对她发来的信息有不同的解读？”

“也许是因为你女儿觉得，跟你比起来，她跟母亲的情感连接更紧密，她在母亲心目中更重要，她在母女关系中感觉不那么受挫。也许你对女儿的情感依赖要比她对你的多，所以她的冷漠让你觉得很伤心。但这引出了一个要点，我必须强调一下：父母还不理解自己，就想去理解孩子。

“为什么我儿子考试不及格？为什么我女儿不好好做功课？为什么她把那么多时间花在社交媒体上？为什么我儿子一直打游戏？为什么他这么愤怒，这么叛逆？为什么我女儿总是拖拖拉拉？如果父母努力加深对自己的了解，就不会有这么多类似的问题。最好的起点是明白世界上所有人都想满足自己对重要性和归属感的需求。婚姻就建立在这些需求的基础上。世界上几乎所有冲突都源于这些需求没有得到满足。许多心理疾病和身体疾病都是人们内心挫败感的延伸，只是因为这些需求没有得到满足。”

“可我都不知道挫败感是什么！”海元一口咬定，“我这辈子都没有过这种感觉！我一直是个积极向上的人，就像我儿子一样，总是活得很乐观，专注于走向成功。我从来不让自己消沉下去。当然，我偶尔会对孩子生气（听到这里，他太太身子往后一靠，挑起眉毛，瞪了他一眼，沉默地发出了疑问：只是‘偶尔’吗？），有时会对员工生气，但很快就会消气，保持积极乐观的态度。”

“所以你现在知道了，为什么你不理解女儿的行为。你从来没有质疑过自己的行为，也没有问过自己，那些行为是想满足什么需求。但我确定你跟妻子有过不同意见，后来变成争执，然后对她生气，因为她的做法让你觉得不舒服，对不对？几乎可以肯定，那是因为你对她有某些需求，而她没有满足你。在一些婚姻中，这些冲突最终会导致夫妻冷战，彼此不说话，就像女儿不想跟你或你太太说话一样。我建议你从现在开始认真听女儿说话，免得她走上同样的路。只需要记住，倾听比说话更能学到东西。”

“好的，可我要拿大女儿怎么办？”

“你已经尽力了，所以就继续这么做，再加上下一个‘十分钟奇迹’练习。小小的一步，你还记得吗？我想你会喜欢下一个练习的。”

练习三

赞赏孩子

“本周的练习是每天赞赏你每个孩子的一种特质。赞赏能让你换个角度看孩子。下面是我列出的‘基本特质’清单。这些是每个孩子与生俱来的奇妙天赋，属于孩子的基本天性。想象一下，在孩子形成自我和人格之前，他们每个人都是纯粹的存在，也就是活在人类形态中的‘本质’。这个本质拥有数不清的天赋和才华，全都是潜能。孩子在一生中会意识到或展现出其中许多潜能。

“如果你被某支曲子或博物馆里的某件艺术品打动过，你其实是被音乐家或艺术家的天赋和才华打动的，而不是被显露出天赋的那个人打动的。当然，很多人会崇拜实现惊人壮举的人，但他们崇拜的人只是肉体加人格。天赋不属于肉体，也不属于自我。

“父母们会忙于养育孩子的日常杂务，意识不到孩子体内那个无与伦比的存在。”我在屏幕上放出了另一张幻灯片。“赞赏能让你睁开双眼，看清孩子的本质。你会惊讶地看到种种天赋和才华，例如:

本质天赋（才华和特质）

慷慨	细心	睿智
天生沟通家	幽默	天生运动员
善良	鼓舞人心	艺术天赋
同理心	领导能力	意志坚定
远见	耐心	热情
好奇	信任	激情
活力	有趣	冒险精神
创意	天生咨询师	天生老师
体谅		

“现在，我们要结合前两个练习，打造出第三个潜在的‘奇迹体验’。这个练习第一天会占用你十分钟或不到十分钟的时间，接下来每天只要一到两分钟。

“看这份清单的时候，想一想你的孩子，问问自己，你能在他们身上看到哪些天赋。接下来的一周，每天赞扬孩子的一项特质，说说你看见他们是怎么表现出来的。例如，我做这个练习的时候，就对我女儿说：‘我很欣赏你的慷慨大方。你总是辅导朋友做功课，总是送别人小礼物、小图画。’我告诉儿子，我很欣赏他的体贴周到，总是有礼貌地听别人说话，确保大家都参与集体讨论。第二天，我太太向孩子们表达赞赏。第三天又轮到我，赞赏从两个孩子身上发现的其他特质。

“这就是你们的课后任务。好好享受吧，下周见。”

第四章 游戏时间到了！

“我太太觉得我对孩子太温和了。”朴先生是位安静低调、看起来很谦逊的男士，过去三周的周二晚上都来上了课。他本周又出现的时候，我看见他还是有点惊讶。朴先生是个韩裔商人，拥有好几家修车厂。他原先在韩国首尔做汽车维修工，后来在北美一举致富，因为他想出了“修车若不满意，无条件全额退款”的金点子！让我觉得困惑的不是他很富有，不是他是韩裔，也不是他上课时很少开口，而是他总是一个人来上课。根据他的说法，他太太对此很不高兴。从上课的第一天算起，他只说过寥寥几句话，主要是开场的自我介绍：“我有个十八岁的儿子，还有个五岁的女儿，我太太反对我来这里。”

所以，我惊讶地看见，第四次课刚刚开始，他就站起来，对大家说：“她说我应该多严格管教孩子。她说，赞赏太多，管教太少，会让他们变得软弱，不尊重父母。也许她说得对，因为现在小女儿似乎总是黏着我，儿子吃晚饭的时候也更爱吹牛了。也许经常表扬会让他们养成坏习惯，变得自高自大。”

“也许你女儿喜欢黏着你，是因为你现在让她觉得自在，还会鼓励她，而过去你只是另一个忽视她奇妙本质的人。也许你儿子受到你赞赏的鼓舞，想跟你一起庆祝他的成就。我觉得更重要的一点是：你赞赏孩子的时候感觉怎么样？请记住，这门课的重点是帮你成为智慧型父母，而不是改变或控制你的孩子。所以，请回答我的问题：对孩子表达赞赏的时候，你有什么感觉？”

“我感觉……”他停顿片刻，低下了头，仿佛在地上寻找什么，“……很棒！刚开始有点怪怪的，但后来，感觉……很棒！”大家都哈哈大笑，鼓起掌来。朴先生环顾四周，脸上满是纯真的笑容。

“通常人们赞赏别人的时候，会感觉体内有股暖流，或是身子放松下来，”我解释说，“那是因为你种什么因就会结什么果。如果你对某人生气，对方也许不会感觉到你的愤怒，但你自己肯定会感觉到。愤怒会导致体内种种紧张，因为身体会将你的愤怒解读为一种防御反应，从而释放出化学物质，比如皮质醇和肾上腺素，让你全身保持高度戒备。所以，你生气的时候，身体会承受或大或小的压力，具体要看你有多愤怒。所有源于恐惧或愤怒的态度都是这样的，比如批评、责怪、批判、担忧或不耐烦。它们都会被大脑解读成对身体的攻击。

“但真正的赞赏不是源于恐惧或愤怒，所以身体会体验到舒展和喜悦。我说的是真实、真诚、发自内心的赞赏，而不是用来讨好别人的虚伪做法。真正的赞赏源于我们心中的爱。你看见了小女儿的智慧天赋，脸上露出微笑，眼神充满惊叹，开口说出：‘哇！你真是个聪明的小姑娘，你知道吗？’她的小小自我可能会记住你说的话，让她觉得自己很特别，或是比别人都厉害。赞赏会触及她的本质，甚至能唤醒她的一些天性。”

“但我太太觉得赞赏对孩子没好处。她是所谓的‘虎妈’，相信应该对孩子严厉些，也想让我更严格、严肃些。她读过不少育儿读物，说父母双方对孩子的态度应该一致，如果父母教育孩子的方式不一样，孩子就会觉得困惑，就会选边站。她觉得我对孩子太好了，会宠坏他们，让他们跟她作对。”朴先生看起来很苦恼，就像被两股力量撕扯着。

“父母在指导、管教孩子的方式上达成一致，是能营造出更和谐的家庭环境，但不是绝对必要的，”我安慰他，“孩子会从遇到的各种权威角色那里得到不同的待遇，甚至从同伴那里得到的待遇也不一样。在每种人际关系中，他们都有机会以最好的方式做出回应。你的孩子也一样：如果父母以不同的方式对待他们，他们只能接受现实，希望能从中学到宝贵的一课。”

“但是以前，”朴先生说，“我不常待在家里，总是忙着工作，他们的母亲负责管教他们。现在我的空闲时间多了些，她只想让我配合她的做法。”

“我明白，”我轻声说，“你的问题不在于管教孩子，而是你和妻子之间的关系。这是一个机会，让你们彼此沟通，希望能达成一致。”

“但我该怎么做呢？”朴先生困惑地问。显然，在追求事业的过程中，他忽略的不光是孩子。

“那是我的亲密关系课上讨论的话题。”我抱歉地表示。我答应他，晚上下课后再跟他聊聊。然后，我转身面对所有人，看见海元举起了手。

“您提到了唤醒他女儿的奇妙本质，”他说，“呃，似乎什么都唤醒不了我女儿。就连我夸她的时候，她也看都不看我，只是轻轻说了声‘谢谢’，然后继续吃东西。素仙觉得我应该严厉些，命令她跟我们说话，可是……”

“我可没那么说！”素仙反驳，“我说我希望你对她坚定些。我可不想总是扮坏人！”

“呃，我也不想你扮坏人，可我也不想当坏人。”他转头对我说，“我以前下班回家后就是那样。自己开公司真的很累，我可不想回家后还得忍受孩子胡闹，所以我会大吼、生气、批评……什么都有！我对他们一点耐心都没有。但我真的不想再吼孩子了，也不想再打他们了。”

“瞧瞧？”布拉德用手肘轻轻碰了碰珍妮特，“不是只有我这样。”

“我永远不会动手打孩子。”马先生坚定地表示。

“是不会，可我打孩子的时候，也没见你反对啊。”怡茗调侃道。

“我力气太大了，”马先生开了个玩笑，“可能会打伤孩子。

你力气小点。”这引起了大家的一阵喧闹和嘘声。

“首先，”我打断了大家，很高兴学员们相处得越来越融洽了，“请记住，你们做这些练习是为了自己，是为了帮助你们成长。如果你们只想看到孩子立刻改善，那肯定会失望。马先生，如果你希望大女儿向你表达爱意和感激，那你就没有真正自发地给予她赞赏。你的做法总是标着价码，听起来更像是‘为了得到而付出’。在应该自发给予的时候，如果你的目标是获得回报，那效果肯定好不了。请单纯地给予赞赏，因为这对你和孩子都是好事。为人父母是长线投资，如果期待回报，只会损害这种付出。”

亲爱的读者，请意识到你赞赏的意图，这一点非常重要。如果你期待对方回报或感激你的赞赏，那你肯定会失望。只要是自发给予，自然会收获良多。如果给予的时候期待回报，最后只会是竹篮打水一场空。

接下来一个小时是分组练习。下课时间快到的时候，我召集学员，对大家说：“我只想说，我非常感激你们，也很佩服你们。你们希望成为孩子生命中智慧有爱的力量，想跟他们建立更深的情感连接。你们可能发现了，那是更大的挑战，尤其是当孩子长成青少年，亲子之间的行为模式和沟通模式已经根深蒂固的时候。这就是你们目前的处境。走向情绪成年的一部分就是接纳并回应生活赋予的处境，而不是否定现实，浪费时间试图改变处境。你们的真诚和意愿真的让我非常感动。”

练习四

做游戏

“本周的‘十分钟奇迹’虽然是个简单的练习，但需要你们发挥创意。你们可能会觉得这简直是儿戏。这个练习要求你们跟孩子做个简短的小游戏。我说的不是特定的游戏，而是你们自己想出来的轻松游戏。可以想想自己小时候玩过的游戏，介绍给孩子。可以是拍手游戏，也可以是‘纸篮球’，就是轮流把纸团扔进垃圾桶。也可以是文字或算术游戏。唤醒自己有趣的一面，跟孩子玩一玩，看看结果会怎么样……”

“我们早就跟孩子这么做了。”珍妮特插了一句。

“没错，”布拉德也插话，“珍妮特总能想出小游戏，我们晚饭后会在餐桌上玩。我都不知道她怎么总能想出新玩意——她真是个天才！”

“噢，布拉德！”珍妮特惊呼，在丈夫的公开赞美之下羞红了脸。她双手交握，搁在心口，满怀爱意地凝视丈夫的双眼。

“噢，珍妮特！”布拉德也喊了一声，报以同样激情四射的眼神。大家哈哈大笑。

“创意永无止境，”我回答，跟大家一起笑了起来，“如果你们早就做过这个练习，那就回到之前的练习，再做一遍。”

“好的，”布拉德说，“我会再试试观察练习。”

“你是说，这次中途不睡着？”珍妮特调侃道。

“如果我大女儿没反应呢？”素仙问，“我确定她不会有反应。”

“嗯……想想看……做这个练习是为了谁？”

~~~~~~~~~~~~~~~~~~

我跟穿长款外套的女士一起走进了火车站，一路上一句话也没说。走进车站后，我们就分道扬镳了。这次道别的时候，她的笑容更明显了，也多在脸上停留了一秒钟。
~~~~~~~~~~~~~~~~~~

第五章 你有时间吗?

“我终于看到了奇迹！”海元大声宣布，“我开始在晚饭后玩游戏，大家轮流把葡萄丢进另一个人嘴里，接到就得一分。刚开始只有我儿子和小女儿想玩，但我们玩得很开心。过了几分钟，大女儿也加入了。后来，我妻子走进饭厅，我女儿立刻停止大笑，回房间去了。第二天晚上，我们玩了问话游戏，就是每个人只能靠提问说话。大女儿没有参加，但我看得出，她在听我们说话，表情也柔和多了，就像在心里偷笑。那天晚上之后就没有别的进展了，因为上周接下来几天我都加班到很晚。但至少我看见了两个小小的奇迹。”

“她还是不肯跟我说话，”素仙难过地说，“我一说要玩游戏，她就起身走开了。”

“给她点时间吧。”海元安慰妻子。

“我觉得她讨厌我。”

“我觉得，你会惊讶地发现，”我说，“你和女儿经历着同样的情绪。这是发生冲突的两个人之间很典型的情况。”

“我没生她的气，”素仙一口咬定，然后纠正了自己的说法，“不像她生我的气那样。”

“你们的愤怒也许不一样，但防御机制是一样的，”我回答，“防御机制保护的东西可能完全一样。我猜你们都感觉自己一文不值，觉得自己在某些方面不够好。”

“但为什么她对我比对她父亲还差？”素仙湿了眼眶。

“也许是她感觉跟你更亲近，所以你触动了她更深层的感受。一旦你明白你们有同样的感受，就有机会好好照顾自己，这样才能更坦然地回应她。”

“我该怎么做？怎么照顾自己？”

“我等一下会提到的，”我回答，“我只想先听听你丈夫刚提出玩游戏时的感受。”海元立刻兴奋地说了起来，显然为自己的努力而骄傲。

“刚开始我有点紧张，觉得有点傻，所以先问了小女儿，因为她最容易相处。等儿子加入以后，我开始觉得……我也说不好……很棒，感觉更放松了。后来，大女儿也加入了，我感觉松了一口气。我从来没意识到我在她身边有多紧张。”

“你提到了为人父母的一个要点：进一步觉察自己的内在体验。注意到体内的紧张和其他不适感。我们常常对孩子的行为有情绪反应，是因为我们自己本来就携带着压力或不适感，只是被忽略了。

有时候父母上班很辛苦，就对孩子发泄。担心金钱、工作压力、婚姻问题和疾病，都会影响你和孩子的互动。你甚至可能没有意识到，你在利用孩子发泄自己的挫败感。大部分情况下，你以为是孩子造成的不适感，其实只是你不自觉携带的内在压力的一小部分。也就是说，女儿让你感觉到的紧张，其实跟你女儿关系不大，她只是让你觉察到了这一点。我敢打赌，你体内积累了大量压力，只是被忽视了。其中包括工作、婚姻压力，也许还有经济压力。”我打开投影仪，继续对大家说。

“这也许能帮你们记起，孩子是激怒别人的专家。除了伴侣，孩子会是你生命中最大的刺激源。孩子们特别在行，因为他们时常改变激怒人的方法。每长大一岁，他们就会带来全新的挑战。每个孩子都有自己独特的方式，能戳到你的痛处，让你失去平衡。海元，你儿子五岁时激怒你的方式，就跟你女儿激怒你的方式不一样。所以，就算你能有效应付儿子（对此我表示怀疑），也没法用同样的方式应付女儿。

“我之所以会怀疑你能否有效地应付儿子，是因为大多数父母都意识不到自己承受的压力，也没有觉察到自己体内其他的不适感。冲孩子发火的时候，他们真的以为孩子是自己愤怒的根源。但孩子的行为只是揭示父母不适感的导火索。如果父母继续认为孩子是自己愤怒的根源，就会陷入不健康且无效的行为模式。”屏幕上浮现出以下字句：

父母对孩子的惯性反应

1. 孩子做了某件事惹我生气

2. 所以孩子不对

3. 所以他们的做法必须得到纠正

4. 所以我必须设法让他们做出改变

5. 就算管教孩子让我感觉不好，我还是对的，孩子是错的

6. 所以我不管做什么都是对的

7. 如果我的做法不管用，孩子没有改变，我就会更生气

8. 重复第 2 步到第 8 步

我等大家读完，然后接着解释："在这个例子中，父母始终没有审视自己内心的不适感——父母的反应完全是针对孩子的。就算父母审视了自己的疑虑，也只是审视自己做的事对不对，能不能控制或改变孩子！"

"您说得就像天下没有坏孩子，只有坏父母，把自己的挫败感发泄到无助的小天使身上。"贾马尔怒气冲冲地大声说。

"我不是这个意思。"我平静地回答。

"呃，听起来您是说，孩子完全是无辜的，不管是五岁还是十五岁。他们做什么都没错，是父母反应过度，把他们当替罪羊。"说话的男士有一对十岁大的双胞胎儿子。

"我可没听见他这么说。"他的伴侣梅薇斯插了一句。

"那是因为你同意他的说法，你觉得我对孩子们太凶了。可要是我不对他们凶一点，他们就会发疯撒野，把家都给拆了。"

“我只是说，你用不着他们每次稍微调皮点，就冲他们大吼大叫。”

“你也冲他们大吼大叫！”

“没你那么急！没你那么大声！也没你那么经常！”

“没错！你老是由着他们撒野，最后总得我来扮坏人！我每天应付犯错的员工和不满的顾客还不够，回家还得面对那两只拆家的小皮猴！我只希望回家能安静点，可你尽由着他们乱来！”

“嘿，我也要上班的好吗？我不想一直大吼大叫。他们简直是精力无限。我实在太累了，应付不过来。”

“你有没有试过把他们的精力引向十分钟小游戏？”我问。

“就像我说的，我实在太累了。做护士很辛苦，我们严重人手不足。下班后，我还得回家做晚饭……真的没时间玩游戏。然后，贾马尔回家，开始对孩子发火……真是让人筋疲力尽。”

“呃，我也想安静点啊。”贾马尔固执地嘟囔。

“所以你们俩工作都很辛苦，还有两个特别活泼的小男孩——”

“活泼真是太轻描淡写了，”贾马尔插了一句，“他们就像天灾——我爸喊他们‘台风双胞胎’。他一直叫我揍他们，好让他们乖一点。他觉得，我能有现在的成功，完全是他揍我的功劳。”

“你真觉得对他们大吼大叫能让他们安静，让你得到内心的平静？吼完他们以后，你有什么感觉？”

“噢，有时候，他会生好几个小时的气，”梅薇斯告诉大家，“具体要看他那一天过得怎么样。”

“我不是生他们的气，”贾马尔懊悔地说，“我发脾气的时候感觉很不好，然后就会生自己的气。”

“所以你的‘平静计划’没有带来平静，但你还是继续这么做，希望能管用。”

“不然还能怎么办？”现在他听起来很沮丧。

“这么说吧，为人父母的体验让我发现，坚定一致的引导对孩子有好处，但反应过度就不是了。贾马尔，如果你经常反应过度，比如发火，也许可以先意识到，双胞胎儿子并不是你愤怒的真正原因——他们是催化剂，但不是根源。”我边说边在排成弧形的座椅内圈来回走动。现在，我讲到了课程的难点，想确保大家都注意力集中。

“孩子们时不时会有不良行为。当他们对重要性或归属感的需求没有得到满足，就会产生挫败感。就算父母是佛祖或观音菩萨，孩子还是会感觉受挫，继续试图通过不良行为满足自己的需求，比如吸引关注、权力斗争或报复。如果这些行为无法满足他们的需求，他们就会强化这些行为，直到被挫败感压垮，然后就会自暴自弃，陷入抑郁和自认无能的状态。

“理解和智慧的引导能帮孩子摆脱挫败感，发现自己独特的天赋才华的价值。这门课就是为了帮你们提供理解和智慧的引导，同时明白这种理解和引导不保证能得到特定的结果。”我先等大家听懂这番话，再接着往下讲。有一半的学员看起来心存疑虑，但都没有出声，保持着专注。

“要成为智慧型父母，最重要的一点是，觉察自己内心的感受是管教孩子的关键。源于工作压力、婚姻或家庭问题、财务困难的焦虑，就像重重压在我们神经系统上的一袋炸药，会导致压力。我们尽最大的努力背负这副重担，不去多想，好应付日常挑战。但如果不刻意挪开这副重担，炸药迟早会爆炸。孩子的恼人行为就是点燃炸药的火柴，导致我们反应过度。如果我们不觉察自己身体上、心理上、情绪上的不适，就必然会对孩子的问题或行为反应过度。但如果我们能直面压力和不适，加以化解，就能更平静地应付家中出现的状况。”

亲爱的读者，你能觉察到自己在日常生活中背负的压力吗？这种压力是焦虑、愤怒和挫败感导致的。有多少压力被你发泄到了“不听话”的孩子身上？不断累积的压力有没有导致你反应过度？

练习五

暂停

“这就引出了我们的下一个练习：暂停。既然你们已经在生活中留出了为人父母的空间，我建议你们本周把这个空间完全用在自己身上。每天花十分钟，最好是在家的时候，找一个能独处不受打扰的地方，坐下来，有意识地放松。既然你们会不自觉地在体内存储压力，就会让身体长期处于警觉或防御状态。所以，不妨按照下列步骤，有意识地释放压力。”我请大家注意屏幕上的指南。

1. 缓慢吸气。不要吸得太深。只要轻轻吸一口气，深浅随意
2. 从脚趾开始，觉察到可能存在的紧张。稍稍放松，释放紧张，感觉压力渐渐消失
3. 慢慢从脚往上移动，关注全身的肌肉和关节，有意识地放松，释放可能存在的紧张和不适感
4. 继续向上扫描，直到头顶，尤其关注双肩、胸口和下颌。放松下来，释放这些地方的紧张
5. 完成全身扫描后，利用剩下的时间观察身体，轻松地吸气、呼气

“如果你喜欢的话，也可以从上到下，从头顶扫描到脚趾。但如果你跟大多数父母一样，最大的挑战是每天让自己暂停十分钟，大脑很轻松就能说服你，你根本没时间做这件事。你没有觉察到，正是这种想法导致了压力，这种压力控制了你的身体、态度和行为。但如果你真的没法每天抽出十分钟有意识地放松，那能抽出八分钟吗？或者五分钟？一分钟？三十秒？

“如果你只能抽出三十秒，那就用这段时间专注于双肩和下颌。注意自己有没有耸肩，有没有绷紧下颌。让你的肩膀和下颌放松下来。

“最后，当你跟孩子互动的时候，尤其是跟他们发生冲突的时候，注意自己下颌和肩膀的状态，刻意放松那些部位的紧张。请注意，当你放松下来的时候，跟孩子的互动会不会有变化。”

下课前，我提出了最后一个要求：“来上课的夫妻俩，请相互支持，让对方找时间暂停。请记住，只要是对你们有好处的事，自然会对你们的孩子有好处。”

第六章 萬苣

第六次课刚开始，梅薇斯就问我，我觉得为人父母最重要的一点是什么。我想了几秒钟才作答。“这个问题很难回答。我觉得，情感连接是孩子生命中最重要的东西，亲子之间的情感纽带破裂会导致失去信任，进而让孩子觉得自己一文不值，自暴自弃。我还想说，持续重建你和孩子之间的情感连接，会鼓励他们敞开心扉，接受你的引导。

“父母批评、否定、偏执、责怪的态度会扩大亲子之间的隔阂，接纳、赞赏、发现孩子的潜能则会缩小隔阂，强化情感纽带。愤怒会让你和孩子渐渐疏远，耐心和理解则会让你们慢慢靠近。更重要的一点是，愤怒会给你和家庭环境造成不健康的压力，耐心和理解则会让你放松下来，营造平静的氛围。”我发现自己对她的简单问题给出了长长的答复，连忙问她，“这能回答你的问题吗？”

“我都忘记我问了什么了，”她调侃道，“我是好久之前问的。”

“你问我，什么是——”

“噢，对了，我想起来了！”她大声说，眼神中带着戏谑，“父母能学到的最重要的一课是什么？贾马尔说是信任，我说是耐心。”

“这些都是可贵的品质，虽然耐心——真正的耐心——只有以信任为前提才能实现。”

“你是说，信任我们的孩子？”敏贞问，“信任他们去做什么？”

“我觉得这听起来很危险，”基斯忍不住插话，“贝伦又懒又不负责任——我都不信他能自己起床，更别说准时上学了——其他事就更别提了！”

“信任是很难解释的，”我说，“我想提醒大家一句，上这门课是为了你们自己。所以，你们认为信任意味着什么？”我觉得没时间做集体讨论了，就立刻揭示了答案，“想象你是个游泳教练，有人带来一个两岁小孩给你教，让她十八岁能游出奥运会水准。你知道不可能一蹴而就，得花上很多年时间，而且没法保证效果。但你信任教学过程，也信任自己指导这个孩子的能力。你知道没法保证，所以不会在意成败，只是信任这个过程。”

“这听起来很像为人父母，”贾马尔摸着下巴说，“但游泳教练知道教学目标——帮人成为游泳高手，我却不知道我儿子会变成什么样——大概只能做家具店的床垫测试员吧！”

“但为人父母还是有个过程的，”我说，“一个孩子被交到你手里，你同意引导他经历人生的种种起伏，直到你认为他准备好自己前进了。有了信任，这个过程就会容易许多。没有信任，你就可能会陷入长期的焦虑、沮丧、失望和愤怒。

“‘十分钟奇迹’课程会带给你两大优势：一是平静放松的心理、情绪和身体体验，二是充满鼓励的和谐家庭环境。道理很简单：如果你感觉平静，思想和行为就会平和，也就会充满耐心，信任并鼓励孩子。如果你觉得有压力，思想和行为就会充满压力，也就会不耐烦、愤怒、失望。这不是说如果你平静而有耐心，就会宠坏孩子或纵容他们的不良行为。你完全可以坚定而不愤怒，强硬而不严厉。为人父母就像一门武艺，最厉害的招式是在心境平和、情绪平稳的情况下施展出来的。”

“听起来是很简单，可我觉得不太现实，”马先生说，“我生活中有太多压力，没法一直保持平静。我工作上麻烦多，经济压力大，跟妻子儿子也有问题，甚至没时间做上周的课后任务——每天放松几分钟。每次我想放松一下，通常都会睡着！”

“没时间放松，更说明你非常需要找时间放松。会睡着表明你的身体已经很疲惫了，特别需要休息。否则，压力就会在你体内扎根，这对你和家人都没有好处。要成为情绪成熟的智慧型父母，花的时间并不比你成为现在这种父母多。不过，这需要自律和决心。”

“真有意思，您竟然提到了这两个词。我总是教训儿子，说自律和决心对学习很重要。”马先生承认。

“他每周至少要这么教训儿子一次。他总是提醒阿坤，自律和决心是他事业成功的关键。”怡茗在旁边翻了个白眼。

“嗯……”我沉吟了一下，“你有时间教训儿子，却没时间自己放松……真有意思。话说回来，事业成功很容易拿来跟成为智慧型父母做比较。在事业上，你只要学会控制或压抑自己的情绪，努力工作，把握机会就行。但你不能把事业上的态度用在养育孩子上。我有个朋友，他父亲是陆军中士，把孩子当成士兵来管。他非常霸道，爱批评人，我朋友只要犯个小错就要受罚。而且，他真心相信这么做是为了孩子好。事实上，他的做法显然在情绪上很不成熟。我不是批评他，因为我们所有人的行为必然符合自己的情绪成熟度。

“但作为咨询师，我遇见过许多案主，他们想要化解儿时被霸道父母管教的体验。这些案主描述当时的情况时，一致的痛苦之源不是父母的做法，而是没法跟父母亲近。他们体会到了跟父母疏远的心碎感。有些案主已经为人父母，发现自己对待孩子的方式跟自己父母一模一样——哪怕他们发誓绝对不这么做。”

“我也是！”马先生的声音大得吓人，“我发誓永远不会像我父亲那样——他特别恐怖。但几年前，我太太接到老师电话，说儿子每天上课都睡觉，我就威胁说要揍他。我抽出皮带，打算狠狠抽他一顿。这时，我看见了他的眼神。他很怕我，就像我小时候怕我父亲。”

“所以，你完全不知道你儿子为什么上课睡觉，就断定是他不对，需要受罚，这是为了他好，对吗？你能不能想一想，你会有这种反应，会不会是因为在工作上承受了很多压力，为自己不是个好父亲而惭愧，加上太太又在逼你处理这个问题？”

“我当然觉得惭愧——儿子让我和太太在全校的人面前丢了脸！”

“所以你惩罚儿子不是为了他好，只是因为你自己内心的惭愧和不适感。如果你不生气，有耐心，也很平静，还会想揍他吗？”

“不会。不过我也没揍他。我发现自己像我父亲一样暴力，觉得很惭愧，就离开了儿子的房间，叫我太太去处理。然后，我喝了个酩酊大醉！”

“所以，当怒气消散后，你改变了行为。我想说的重点是，情绪决定了父母的行为。愤怒的父母会责打、威胁、批评或恐吓孩子。焦虑的父母会惩罚、说教、抱怨、笼络或宠坏孩子。平和的父母则会试着理解、讨论、提供坚定的指引。焦虑和愤怒的父母会切断跟孩子的情感连接，智慧的父母则会意识到保持情感连接的重要性，这样父母才能跟孩子一起面对并解决问题。耐心和智慧需要自律和决心。如果说智慧是一座高山，那可比珠穆朗玛峰还难爬得多。”

亲爱的读者，你看出根据内心感受对待孩子有什么不同了吗？我们通常认为孩子的行为决定了我们的感受，但事实上，很多东西都会影响我们的感受和情绪。所以，把自己的感受怪到孩子头上是不明智的。孩子常常成为父母不满情绪的替罪羊。

“所以，本周我要安排一个新练习，让你们跟孩子重新建立情感连接，打造彼此信任的情感纽带。你们需要——”我想接着往下说，但被海元打断了。

“但等我完成这些任务，我的孩子都长大了！我还是不知道做这些练习怎么能让女儿跟我和素仙说话。您能不能告诉我们，该怎么应付她才好？”

“我理解你的担忧。你完全可以去找立竿见影的快速育儿法。我找那种书或那种老师已经好多年了，甚至从我儿子出生前就开始找了。等儿子四岁、女儿三岁的时候，我才意识到，我是想让别人为我孩子的成长负责。承认没人能告诉我，怎么培养孩子才能确保他们安全、成功、幸福，这对我来说是个巨大的挑战。所以，在孩子长大的过程中，我一直在学习——虽然时不时会出现源于焦虑或愤怒的情绪化反应。我渐渐成了更加明智、更有耐心、更能信任孩子的父母。但这要花时间。

“我给你提供了一个机会，让你跟孩子建立关系。孩子不可避免地会给你的生活带来挑战，建立关系能让你们双方都从中学习成长。但一切要从你开始。你是孩子学习的榜样。你和妻子是他们学习亲密关系、婚姻和为人父母的重要榜样。”

“那像我这样让孩子整天跟外婆待在一起的父母呢？”敏贞问。

“那外婆也会产生影响。但除非父母完全从孩子的生命中缺席，通常来说，父母对孩子影响最深远。关键在于你想给孩子树立什么榜样。”我转身对怡茗和马先生说，“我要给你们讲个兔子和莴苣的故事。”

“噢，他又来了！”布拉德大声嚷嚷，“嘿，大夫，还有没有别的故事啊？”

“噢，我喜欢这个故事！”珍妮特微笑着说。他们断断续续上过我好几年的课，基本知道我用的所有比喻。

“总而言之……”我假装瞪了布拉德一眼，“如果兔子跑进洞里，你想要逮住它，可能会先伸手进去抓。但如果你的手靠得太近，兔子就会往后缩，或者咬你一口。另一个选择是把一片莴苣叶放在洞口，然后等着。”

“我还以为是胡萝卜呢。”布拉德说。

“嘘！”珍妮特警告他，然后压低声音说，“不，一直都是莴苣。兔子不吃胡萝卜！”

“卡通片里的兔子就吃！”布拉德低声回答。我没理他们，接着往下讲。

“如果你耐心等待，兔子就会出来吃莴苣。对你女儿耐心点，敞开心扉，等她走出洞来。下一个‘十分钟奇迹’任务就是莴苣。”

练习六

让孩子教你

“本周的‘十分钟奇迹’课后任务是让孩子教你一些东西。你可以提些跟电脑有关的问题，或者请他们教你从学校学到的东西。比如，我儿子参加辩论俱乐部的时候，我就请他教我辩论的规则。我学到了很多沟通的知识，这也让我更欣赏儿子的聪明才智了。不管具体内容是什么，你都是在创造跟孩子接触的机会，让他们觉得自己很重要。”

我话音刚落，学员们就议论纷纷。所有父母都怀疑，孩子到底能教他们什么他们不知道的东西。我没有回应他们的抗议，而是把他们分成小组，让大家自行讨论。穿长外套、戴墨镜的女士坐在一个小组里，但没有提出任何建议。

第七章 孩子的反馈

朴先生请五岁的女儿教他怎么拥抱，怎么唱幼儿园教的歌，怎么用橡皮泥捏蛇，怎么在电脑上玩游戏，怎么画大象，还把画带到了课上（看起来像一个圆球加四条腿，还有一条大管子当作象鼻）。他请十八岁的儿子教了他一些基本的吉他谱。

贾马尔和梅薇斯让双胞胎儿子教了他们前翻滚、侧手翻、投篮球，还有另外一些体育活动。（贾马尔发现自己体能衰退，决定多运动。对此，我的评价是："我敢打赌，双胞胎肯定能让你信守承诺！"）

敏贞八岁的女儿教了她怎么缝衣服，怎么解算术题。班上几乎所有人都兴高采烈，对自己的亲子体验非常满意。

"我们跟大女儿的互动开始有进展了，"素仙一找到机会发言就大声宣布，"她终于肯跟我和丈夫说话了。我们请她教我们怎么注册社交网站，怎么用上面的功能。起初，她只是帮我们注册好，就离开了房间，但我们每天都问她怎么用。我对网络还算了解，但惊讶地发现女儿懂得更多，而且上手很快！过了几天，她的态度渐渐软化了，跟我们一起待在房间里的时间也变多了。昨天晚上，我们甚至一起哈哈大笑。儿子也加入了我们，聊起了能从网上获得的各种服务，还有诈骗信息。

“我们还请小女儿教我们她从幼儿园学到的游戏，”素仙接着说，“她跑过来坐在她爸爸腿上，这简直是个奇迹——从她会爬以后，我就没见过她这么做了。她教了我们一首歌，还有配合的手势。她哥哥姐姐也加入了。我感觉我们是一家人——真正的一家人！我跟我父母从来没有过这样的体验。”

“跟孩子互动会加深情感连接，”我答道，“深厚的情感连接会带来信任，信任则会带来更开明开放的沟通。十来岁的孩子也许看起来想要保持独立，但能跟父母和谐相处对他们来说也很重要。父母要求孩子孝顺、尊重的时候，孩子可能会服从，但通常不大情愿。充满爱意的情感连接则会带来赞赏和感激，激发更深层的尊重。

“在某些社会里，父母和孩子的沟通一般仅限学业、社交和外表。孩子刚回到家，父母就开始质问他们的作业和成绩，问他们有没有惹麻烦。孩子整个晚上都忙着做功课。如果父母在家，通常是母亲在家，也只是监督孩子专心念书。这通常会导致极为生硬的亲子关系。孩子相信，只要表现让人满意，就能得到爸爸妈妈的微笑或赞美。如果我成功了，父母就会爱我；如果我失败了，父母连喜欢都不会喜欢我。这对孩子来说是种压力，压力会导致青春期抑郁——就连很小的孩子也会。这样的情况越来越多。

“然而，如果孩子是在鼓励、接纳、平静的环境中长大的，压力就会小得多，心智也能更健康地成长。”

朴先生举手想要发言。

“我还发现了一件事，在我看来也像个奇迹，”他说，“我太太变得不那么……我也说不好……不那么紧绷了。来上‘十分钟奇迹’课之前，我晚上一回家，她马上就会说起十八岁的儿子当天做了什么事——通常都不是好事。她看起来总是压力巨大。我觉得自己像个警官，她则像我手下的警员，向我报告当天的犯罪情况。最近，她说起的都是女儿的趣事，或是儿子说了他朋友的事。她还是挺紧绷的，但偶尔……”他耸了耸肩，微微一笑。

“她身上的盔甲出现了裂缝？”我猜测。朴先生用力点了点头，表示赞同。“活生生的榜样对大家都有好处。不是所有人都做得到，但潜移默化的影响是无限的。看起来你的努力影响了她。我得承认，我很佩服你的努力和决心。虽然太太不赞成你来这里，你还是坚持上了七周的课！”

“呃，其实我也没那么自律啦。有时候我会连续两天忘了做任务，也不知道我做得对不对。但昨天晚上的体验，跟我太太聊天，不去想工作或孩子学校里的事……我只是觉得很惊讶，虽然来上课的是我，但不知怎么的，我太太也受益了。”

“你是说，我其实可以留在家里，只让珍妮特来上课就行？”布拉德佯装惊讶地问，“我可是为这门课放弃了足球之夜啊！”

“我都不知道你还踢足球。”我回答。布拉德看起来不像运动范儿的。

“是电脑上的足球游戏啦。”珍妮特翻了个白眼。

“哎，你的白眼真是翻得越来越完美了，是吧？”布拉德对太太说。

“还得感谢你给我的练习机会啊。”珍妮特反唇相讥。

“言归正传，”我提议，“朴先生提到了另一个重点：成为情绪成熟和智慧的榜样，而不光是说话或说教，会对身边的人产生很大的影响。不光是孩子能受益。即使你的伴侣不想跟你一起学习，也能因为你的努力而受益。随着你不断成长，你的沟通和行为方式也会不一样。仔细想想吧。我们在亲密关系中总会陷入某些模式。当你打破或摆脱模式，你的伴侣就无法以原本习惯的方式跟你互动。因此，你的伴侣就得找别人来运用习惯的方式，或是调整自己的沟通和行为方式，以便继续跟你互动。一般来说，随着你的情绪走向成熟，你的伴侣也会有所成长。”

练习七

询问是什么让孩子感到受挫

“我猜你们都准备好迈出下一步了：询问孩子，你说的什么话或做的什么事——或是没做的事——让他们感到受挫。这个练习比较微妙。所以，你需要做好准备，耐心倾听孩子说的话。确保你的伴侣也做好了耐心倾听的准备，因为那听起来可能像批评或不知好歹的抱怨。在有些父母看来，这像是自找麻烦，尤其是在刚刚享受了一段平静的家庭生活之后，所以——”

“我的问题是，这个练习不合传统。”海元说。其他学员也纷纷点头表示同意。“我父母绝不会想到做这种事。我确信，我的祖先也从来没问过孩子对父母的做法怎么看。他们肯定不会让孩子指出父母的错误。这个练习会让我们无法掌控孩子，让他们变得不听话，不尊重父母。孩子批评父母绝对是禁忌！”

“除了孩子，还有谁更能对你们的育儿方式给出反馈？孩子可以告诉你，你的言语和行为对他们有什么影响。你做的一些事是必要的，不管他们喜不喜欢。但我们也对孩子犯过错，只因为我们不知道更好的做法。从孩子那里得到反馈，就能知道哪些做法是对的，哪些做法是错的。”

“但孩子怎么知道父母哪些做法是必要的，哪些是不必要的？”海元有些挑衅地问。他的表情和肢体语言似乎很不屑，甚至对我的话嗤之以鼻。

“你有没有从你的员工身上看到，如果他们不从错误中汲取经验，就会重蹈覆辙，影响你的公司？如果你自己一再犯同样的错误，你会希望你的员工保持沉默吗？如果失误没有被人指出，我们怎么才能学到东西？你可能会犯下父母对你犯过的错，这些错也许是他们父母犯过的，还有他们父母的父母，以此类推。为人父母只有两条路可走，不是成长，就是停滞。从错误中汲取经验，才能成长。拒绝承认错误，就会停滞。

“五十年或一百年前必要的育儿行为，可能已经不适合当今社会了。在亚洲的很多地方，短短几十年前还是重男轻女，歧视女性。我想不通的是，这些地方科技发展得如此迅速，学校和父母的育儿方式数百年来却毫无进步。

“你们不认为现在的父母该以身作则，教孩子怎么承认错误、怎么从错误中吸取教训吗？父母通常会传递给孩子这样的信息：‘照我说的去做，而不是照我做的去做’。但孩子学东西更多是用眼睛看，而不是用耳朵听，结果通常是重复父母的做法。”

“我觉得这听起来像西方的育儿方式，”怡茗表示，双手交叉抱在胸前，“看看西方的学校，还有西方社会孩子的做法，我觉得可不怎么样。

我们可不希望儿子最后染上毒瘾，流落街头，只因为我们没法控制他！我们想要他乖乖听话，这样我们才能保护他。他必须完全尊重我们，就像我们尊重我们的父母。”我看着怡茗的丈夫，想起他在第一次课上说他爸是浑蛋。我猜他太太把尊重和畏惧当成了一回事。“可您会说，要求孩子尊重和服从是糟糕的育儿方式。”

终于说到这个了，我心想，大家终于要进入“混乱阶段”了。在群体动力学中，成员会逐步经历四个阶段。通常来说，人们一开始会聚在一起，成为“假性团体”，但随着形势发展，大家会从“客气阶段”进入更具挑战性的“混乱阶段”。在这个阶段，愤怒开始浮出水面，一些成员会对老师或团体领袖发起挑衅。我年轻的时候很讨厌课程的这个阶段。但随着经验的增长，我渐渐意识到，混乱对觉察和理解的成长极为重要。

“我不是建议你们鼓励孩子批评你们，”我解释说，“而是建议你们请孩子给出建设性的反馈，从而了解自己的盲点。当然，他们可能会抱怨某些必要但孩子难以理解的育儿行为。素仙的小女儿可能不理解母亲为什么不让她整天吃糖，马先生的儿子可能弄不懂自己为什么每天都得按时上床睡觉（虽说他每天上课都打瞌睡）。但孩子也可能会提到你们某些不必要、但会让他们觉得受挫的做法。请记住，鼓励能维持亲子之间爱的纽带，充满鼓励的家庭环境对孩子的健康成长大有帮助。所以，如果你们不自觉地让孩子感到受挫，现在能意识到这一点不是很好吗？”

“为什么我不能让丈夫给出反馈呢？”怡茗问。

“呃，有时候夫妻双方会不自觉地串通，维持无效的行为。有时候双方会有同样的盲点。有时候对方会给出负面反馈，只是为了跟你比较，证明自己做得更好。”

“真是这样，”珍妮特表示，“布拉德总是批评我的做法，以此证明他是更棒的家长。”

“我才没有呢！”布拉德提出抗议，然后补了一句，“你也会这样！”

“我只是说，我们会把为人父母变成一场比赛，”珍妮特对他说，“布拉德，你不得不承认，你真的很好胜。”

“呃，你也是啊。我只是做得比你好罢了。”

“回到你提的问题，怡茗。”我稍稍提高了嗓门。我挺喜欢布拉德和珍妮特的，但有时候他们的拌嘴让我觉得不自在，也许还有点烦……“我不是提倡不服从、不尊重，而是支持情感连接和鼓励。你听取孩子的反馈，就是以身作则，给他们示范怎么接受反馈和建设性的批评，而不是在你们之间筑起防备的高墙。像往常一样，这些练习不是强制的，而是自愿的，根据你们每个人的具体情况而定。

“因此，本周的课后任务是抽出十分钟，简单问问孩子，你们说了什么，做了什么，或是没做什么，让他们觉得不自在。不要打断他们，也不要跟他们争论。事实上，你们只许说三句话……”（我在白板上投影出几个词。）

1. 谢谢

2. 再多说说

3. 对不起

“请记住，我们要创造一个充满鼓励、信任和情感连接的环境。如果你们请孩子给出真实反馈，之后又为此惩罚孩子，那就不可能实现目标。但如果你们按照指示做，就能朝情绪成熟和智慧型父母迈出坚实的一步。”

亲爱的读者，如果你的情况跟我一样，这会是一项艰难的练习。但根据我的经验，这是最有效的成长方式！

第八章 照镜子

“我会跟我太太讨论这些课后任务，”韩裔的朴先生说，“我们不确定会不会对孩子失去控制，会不会宠坏他们。她在网上看了一场您针对人类行为的演讲。您提到，人会像钟摆一样摆来摆去，从谨慎到大意，从自律到懒散，从苛刻到随和，还有类似的另外两个极端。作为孩子的父亲，我知道我以前确实脾气太差，对孩子太严格，但我现在会不会变得太随和、太纵容孩子了？”

“有可能，”我承认，“飞机偏离航线需要修正的时候，在找到正确方向之前，肯定会先朝另一个方向飞。我在湖上划船的时候，会盯紧我想去的一个点。小船的船头会左右摇晃，一会儿指向目标的左边，一会儿指向目标的右边，很少会跟我想去的方向保持一条直线。在我看来，划船有百分之九十八在于修正方向。这意味着有百分之九十八的时间，我是面朝错误的方向。但最终，我还是能划到想去的地方。如果你现在对孩子过于宽容，只要牢记自己的意图，就会下意识或出于直觉做出适当的调整。可以说，问题是修正航线的机会。而很多人都把问题视为侵入自己美好王国的敌人。”

“呃，几天前孩子就给我们修正了航线，”海元说，“我和太太每天花十分钟，请一个孩子指出我们的错误。这整整花了四天时间，因为我们是从大女儿开始的。没过两分钟，我太太就跟她吵了起来。幸好又发生了一个奇迹：后来，素仙去向女儿道歉了。于是，第二天晚上我们又试了一次，那次就顺利多了。”

“你们学到了什么？”我问。

“显然，以前我的坏脾气真把他们吓坏了，他们担心我变回老样子，所以觉得在我身边必须小心翼翼。还有，我似乎总是教训他们，告诉他们该怎么过日子。最后，他们说我经常不在家，总是忙得顾不上他们，除了生气的时候。所以说，他们缺少正确的关注，有太多错误的关注。我刚打算告诉他们，我忙工作是为了给他们更好的生活，太太就提醒我：‘谢谢；再多说说；对不起。’我实在不好意思说出口，只好闭上了嘴。真有意思，三个孩子对我和他们母亲说了同样的话。”

我望向素仙，让她有机会分享，但海元替她说了。

“素仙事后感觉很不错，但我可不觉得。每次听完孩子的反馈，我都得喝点酒压压惊，才能振作起来。听起来，我的孩子这么多年一直跟一个怪物住在一起！”

“不是怪物——只是一个非常忙碌、非常愤怒的男人，”我纠正了他的说法，“希望你知道，不光只有你是这样。很多孩子至少有一方家长有愤怒问题，有些孩子父母双方都有愤怒问题。别自责。如果你不希望再被愤怒控制，第一步就是意识到自己的愤怒模式。随着不断成长，父母会更关注自己——自己的行为、态度和情绪反应，也就没那么多精力去控制孩子了。这么一来——”

“等等！”素仙打断了我，“我们的工作就是控制孩子。我们必须告诉他们怎么在社会上生活，怎么培养良好的工作习惯，这样他们才能走向成功。我和朴先生的太太担心的是，如果我们管得太松，孩子们会失控！”

“呃，我们先要弄清‘控制’这个词，”我提议，“当我说‘父母必须决定是控制孩子还是引导孩子’的时候，我指的‘控制’是我们的恐惧、愤怒和情绪化思维促成的行为。我指的‘引导’则是充满智慧、前后一致的管教，鼓励孩子寻找并信任自己的才华和天赋。我说的是，我们要创造一种环境，父母不光是靠言语和命令，而是靠以身作则鼓励和引导孩子。我要给大家看一张表格，你们看完就会明白我的意思了。”我早就料到会提起这个话题，所以提前准备好了幻灯片。

控制型父母	引导型父母
由焦虑和恐惧促成	由智慧和爱促成
时常陷入愤怒	坚定镇静的沟通
注意孩子的“不良”行为	注意孩子的挫败感
告诉孩子该怎么做	跟孩子一起探讨选择
苛刻且不耐烦	信任并鼓励

情绪化思维	思维清晰
将问题视为要击败或避开的敌人	
	将问题视为学习和成长的机会
将孩子视为自己的私人财产	将孩子视为暂时的照顾对象
告诉孩子怎么思考	鼓励孩子提出疑问
安排好孩子的未来	鼓励孩子去做喜欢的事
习惯担心孩子	习惯信任孩子

亲爱的读者，你属于哪一类？

“我可以再多列几十项，但我希望你们已经明白了。”

“但这不是——”怡茗脱口而出，但这次我举起手阻止了她。

“在你提出反对，说我太过理想、太不切实际、太西方化之前，我想说两件事。首先，我必须学习如何放松控制，如何加入引导的特质。在这一点上我很幸运，因为有我太太引路。她似乎总是比我领先一步，示范了怎么做智慧型父母。在稳定的关系中，常常会有一方先准备好走向成长成熟。在学习成为智慧型父母这件事上，大多数时候都是我太太先迈出第一步。

“其次，我从孩子五六岁时就开始有意识地教育他们，但在我还没掌握这些引导特质之前，儿子女儿就长大离开家了。直到今天，我一直都在学习。所以，如果你觉得孩子已经是青少年或者快要成年，再这么做已经太迟了，我敢保证，踏上这段旅程永远不嫌迟。死亡才是旅程的终点。”

“什么？怎么可能？”贾马尔反驳，“等我儿子长到三十岁，我的工作不就完成了？”

“三十岁？”基斯嗤之以鼻，“我希望我儿子十九岁就离家独立！”

“你现在是这么说，”他太太安妮调侃道，“等到那一天，你就会拽住贝伦，哭哭啼啼，求他别走。”

“为什么你们西方人这么愿意把孩子赶出家门？”敏贞问，“等你们老了，就会被送进养老院，因为孩子不想照顾你们。他们不懂得感恩，也没有责任感。”

“说得没错，”贾马尔承认，“西方人更注重个人，东方人更强调集体。”

“我可不是！”布拉德宣布，“我要孩子永远跟我们住在一起！”

“那是因为他希望跟我之间有个缓冲区。”珍妮特告诉大家。

“告诉他们，大夫，”布拉德对我说，“做父母没的退休，对吧？”

“那可不一定，因为做父母不是一份真正的工作，而是走向智慧、情绪成熟、自我觉察的过程。我们不会在孩子长大后停止情绪成长。你身为父母的功能会改变，但这仍然会让你有机会面对自己，超越个人极限。这就是为人父母的本质——超越愤怒、焦虑和不信任，享受在接纳、觉察和赞赏中成长的机会。大多数人一辈子都在梦游，为人父母则是唤醒铃。”

“唤醒做什么？”布拉德问。

“唤醒你，让你意识到自己的行为、思维和感受。唤醒你，让你意识到是什么让你对愤怒或不耐烦上瘾，让你不断重蹈覆辙，尽管那些做法显然没有效果。唤醒你，让你意识到自己的思维方式，意识到焦虑和愤怒如何蒙蔽了你的大脑。我在第一堂课上就说过，为人父母是世上最难的工作，但也最有可能唤醒我们奇妙的内在特质。这些特质一旦展现出来，就能大大丰富我们和身边人的生命。”

“所以您真的不打算教我们怎么培养孩子，对不对？”布拉德说。

“现在已经是第八周了，布拉德，你才刚拿到课程须知？”我转身面对全班，“我只是觉得，如果你是个智慧的人，就会是智慧的父母。如果你能认清自己的本质，就能认清你孩子的本质，也更能支持他们实现潜能。如果你知道怎么平静而有创意地回应生活中的问题，就能教孩子同样做到。我要再次提醒大家，这门课关注的不是培养孩子——而是……”我环顾全班，“噢，拜托了，各位！不是培养孩子，而是……”

“培养父母！”大家齐声说。

“没错！”我张开双臂，表示强调，“现在，如果说你们的本质是睿智、爱、智慧、快乐、创意和平静，你们同意吗？”大多数学员都点了头。

“除了布拉德，”珍妮特说，“他的本质是薯片和玩游戏的快速反应能力。”

“还有啤酒——这个可别忘了！”布拉德开了个玩笑。

“好，”我接着往下说，“所以，除了布拉德，我们都知道我们的本质是智慧和平静，诸如此类的。蒙蔽你，让你看不见自己本质的东西有很多，其中之一就是自我评判。你内心有个声音会挑你的毛病，说你在生活中表现得不够好，还会对你的工作、婚姻、育儿和生命中的方方面面指指点点，总说你做得不对——”

“我从来没有听到过那个声音。”海元说。

“我听到过，每天都能听到，”梅薇斯说，“那就是贾马尔的声音。”

我心想，大家的火气越来越大了。

“我只是想帮你变得更好，亲爱的太太。”贾马尔微笑着回答。他和梅薇斯跟布拉德和珍妮特成了好朋友。这对肯尼亚夫妇可能学到了好友的一些拌嘴方式。

“海元，当孩子给你反馈的时候，你就听到了那个自我评判的声音。如果你认真分析那个声音说了什么，可能会认出你内心的法官多年来对你说的话。不然，为什么听完孩子说的话以后，你会需要灌上几杯酒？我们会对别人说的话产生防备，通常是因为我们早就相信他们说的可能是真的。”

练习八

直面自我评判

“所以，本周的课后任务是：花十分钟认清你对自己身为父母的自我评判，然后向孩子承认这一点。”

“我觉得，对我来说十分钟不够！”安妮抱怨道。

“花不了多少时间，”怡茗面无表情地说，“因为我不会这么做。”我突然有种感觉——怡茗不会再来上课了。

“像这门课上的其他练习一样，你可以自由选择要不要向孩子承认你的自我评判。”我提醒她。

“无所谓。”虽然她的姿势表现出了愤怒和固执，但她眼中涌出了泪水。“阿坤已经不尊重我，开始跟我顶嘴了——你还由着他这样！”最后一句是对她丈夫马先生说的。她眼中含泪瞪着丈夫。

“他没有不尊重你，只是不赞成你的话。”马先生试着讲道理。

“孩子永远不该反对父母！”

“那你就自求多福吧！”布拉德嗤之以鼻，“要是我赞成父母的话，那才是奇迹呢。”

“你是西方人！”怡茗反击，似乎这句话能解释一切。

“这是什么鬼话？”布拉德挑衅地问。

“我希望儿子在尊重父母、服从长辈的环境里长大。”

“呃，我赞成尊重，但觉得父母应该以身作则，赢得尊重，而不是因为什么传统。”

“那你是靠玩游戏上瘾赢得孩子尊重的？”怡茗反唇相讥。

“哎呀，真扎心！”布拉德说，“好吧，被你说中了。我承认，这就是我批评自己的地方。女儿给我反馈时也提到过。她说我忽视她，宁可玩《使命召唤》也不跟她玩。但照你说的，我应该为她不尊重长辈惩罚她，只因为她说了实话。”

“对！”怡茗脱口而出，“尊重比诚实更重要。孩子无权批评你！”

没错，我心想，今晚会是我最后一次见到怡茗，马先生大概也不会来了。

“怡茗，我听见你说的了，”我告诉她，“我很理解。我个人不支持这种育儿方式，但如果你喜欢的话，我完全支持你选择自己觉得最好的方式。”我转身面对全班，“下课时间快到了，我来快速讲一下本周的课后任务。

“只要花十分钟，写下你对自己的所有批判，不要多想。有时候你会觉得自己在瞎编，但那可能是因为你的批判隐藏在否认之下。”

“这个练习听起来挺消极的，”海元断言，“我为什么要用批评和批判打击自己？”他之前提到过，他跟素仙参加过许多正向思考研修班，鼓励大家运用正面、灵性的肯定和自我暗示，摧毁自我批评、自我评判和其他负面的思维方式。

“很多人会否认自己的自我评判，甚至用正向思考加以掩饰，但这么做只是压抑了批判，把它们埋在了否认之下。你有没有想过，如果自我评判本来就不存在，那就没必要参加正向思考和励志研修班了？在那些课上，你被告知必须提醒自己正向思考，正是因为人类习惯批评自己、批判他人。本周的练习是为了帮你直面那些批判，有意识地认清它们说的不是真的。”

“呃，我还是要说，对我来说十分钟不够。”安妮一口咬定。

“由此可见，你对自己有多少批判。但这也表明你心态开放，愿意成长。不过，等你开始深入探索，就可能惊讶地发现，你的自我评判其实并不多。事实上，你可能会发现只有一个！”

“哪个？”

“等你完成任务，就会明白了。为了帮你们起步，不妨从写下这两句话开始。”我示意大家看屏幕。

身为父母，我有时觉得自己太过__________

身为父母，我有时觉得自己不够__________

“用你想到的第一件事给句子填空。不要想太多。也许刚开始写的几个字并不准确，但如果你让文字自然浮现，身体就会知道你什么时候写对了。”

“写好以后做什么？”基斯问。

“你可以走近孩子，对他 / 她说：‘对不起，我对你太______。’或者‘对不起，我没有______。’”我关掉投影仪，意思是该下课了。

“或者，你也可以想象孩子站在你面前，在内心深处对他们说这句话。”

~~~~~~

学员们鱼贯离开教室时，我请穿长外套、戴空白名牌的女士多留了几分钟。等大家都离开后，我请她帮我一个忙。
~~~~~~

第九章 人生的两个选择

正如我猜想的那样，怡茗这一堂课没有出现。但我惊讶地发现，马先生自己一个人来了。他提的第一个问题就让我觉得，他也不确定自己该不该继续来上课。

“这门课有保证吗？我是说，这门课能确保我儿子一生幸福成功吗？”

“当然！”我故作轻松地回答，“既然说到这个，你是不是还希望他不会得癌症，不会遇上车祸，不会碰上坠机？最好还能有超能力？”

“我没瞧见课程广告上有这些，你瞧见了吗？”基斯佯装疑惑地问安妮。

“抱歉说反话讽刺你，可我实在忍不住。做父母的都希望能掌控孩子的命运，让他们免受伤害，一生富裕，等等。只希望孩子幸福还不够，幸福还得伴随婚姻美满、子女聪慧、事业成功、生活富足。在许多父母看来，自己的孩子必须成为最优秀的人才，必须拥有辉煌的事业和巨大的成功。但只有极少数父母真正了解孩子，知道孩子可能会有什么样的命运。孩子会生病，会经历失败，会失去挚爱……只有一件事有保证，那就是人生是没有保证的。如今的孩子面对的最大问题是抑郁。没有哪个父母希望孩子受抑郁之苦，但很多孩子都处于抑郁状态。人生是没有保证的。”我意识到，戴空白名牌的女士在座位上不安地动了动。

“这话真叫人泄气，大夫。”布拉德说。不管我提醒他多少次，我不是医生，他总是喊我“大夫”。“希望您没打算做励志演讲，就连励志大师托尼·罗宾斯（Tong Robbins）听完都会抑郁自杀的。”

“这门课是为了帮你们成为孩子智慧有爱的引导者，无论他们在人生中面临什么样的挑战。”我解释说，没有理会布拉德的调侃，“你们没法控制孩子，但可以支持他们直面挑战——包括抑郁和失败，帮助他们在挑战中成长。但只有你们以身作则，做孩子可以学习的榜样，而不是在旁边大吼大叫，命令孩子朝某个方向走，最后才可能成功。你们是孩子生命中的第一位老师，他们用眼睛看的时间远远超过用耳朵听。

“大量研究显示，父母参与孩子的生活会给孩子带来积极正面的影响。大多数研究都强调参与，而不是干涉或惩罚。参与孩子的生活，就是主动关心他们感兴趣或受影响的东西。这包括敞开心扉的沟通（至少需要一名家长，最好是父母双方）。参与不是说要花多少时间陪孩子，而是你们有没有处于当下——哪怕孩子没有处于当下。”

“处于当下是什么意思？”敏贞问。

“我第一次学到‘处于当下’，是我太太得外出一整天，我留在家里陪儿子女儿。当时我儿子四岁，女儿三岁，在地下室玩。我在楼上的客厅里，坐在沙发上，听他们开心地聊天。沙发边上摆着我当时在读的一本书。我坐在那里听了一会儿，就拿起书开始读。接着，神奇的事发生了。不到三十秒，孩子们就吵了起来。我放下书，听他们在吵什么。不到三十秒，他们就停止争吵，继续玩了起来。接下来发生的事才是最有意思的。我拿起书继续读，然后……你们肯定能猜到，一个孩子说了另一个孩子一句，对方气愤地骂了回去！我放下书关注他们，形势又缓和了。

“我没法把这事看成巧合。我记得简·尼尔森（Jane Nelsen）的著作《正面管教》（*Positive Discipline*）上有一段话，说孩子会通过争吵吸引父母的关注。我觉得最神奇的是，我甚至没跟孩子在同一个房间。难道我的关注会穿透墙壁和地板？后来又有好几次，我继续测试关注的力量，反复体验到了它对孩子的影响，还有对我自己的影响。当我不是主动关注孩子的时候，他们更容易起冲突。当我出现愤怒的反应时，冲突似乎会加剧。而当我选择平静地关注时，冲突会迅速化解。

“参与孩子的生活更多是指关注，而不是行动。在孩子的生活中平静地处于当下，就是鼓励他们直面挑战，探索各种可能性，知道世界上有个安全的避风港，他们可以来此寻求指引和鼓励。

“我也试过其他效果差一些的参与方式，比如告诉他们该怎么做，训话、责骂、批评，或是用其他方式控制他们。但这些做法容易造成紧张气氛，切断情感连接——最后让我感觉糟透了！

“这些‘十分钟奇迹’练习是为了鼓励你们积极参与孩子的生活，但要让所有人都能从中获益。我们在这里打造的鼓励的基础，是帮助孩子未来成长的稳定基石。处于当下是一种无价的鼓励。就算你本人实际上不在，也可以跟孩子处于当下。”

“我觉得像是回到了最开始！”海元嚷了起来，“我工作的时候从来不会想到孩子，除非他们在学校里惹了麻烦。”

“你发现了吗，为了吸引父母的关注，孩子愿意下多大功夫？”我调侃道。

海元无视我的调侃，继续说道：“我觉得我像被派去做了一份从来没学过的工作，在这个领域毫无经验——就像修车工被派去当宇航员。”他的表情和语气都显得很受挫。

“你可能还感觉到了自我评判练习的效果。说到这个，你有没有弄清哪个批判是你写下的所有批判的根源？”

“弄清了——我是个糟糕的父亲！等等，不对——应该说我不够好。起初，我觉得我做父亲做得不够好，后来才意识到，我做得不够好的不光是在为人父母这方面。我做丈夫也做得不好，对吧？”他转身问妻子素仙，而素仙只是茫然地望着前方。她感觉到丈夫在看自己，立刻警觉地回看。

“噢！你是在等我表示反对吗？”她的语气是那么无辜，惹得大家都笑了。海元也笑了。

“哇！”他咯咯直笑，“她终于跟我达成共识了！总之，就像我说的，我做父亲、丈夫、儿子、老板……都不够好。基本上，我对自己最大的批判，就是我不够好。”

“欢迎来到人类世界！”我微笑着说，“我们是地球上唯一不断试图证明自身价值的动物，因为我们一直不自觉地批判自己不够好。你不会看见大猩猩来参加励志课程，或者跑去做婚姻咨询。”

“没错。呃，自我评判的练习真的好难，”珍妮特插话，“我还以为请孩子给出反馈是最难的呢。”

“我也这么觉得，”安妮表示赞同，“这个练习感觉就像自我折磨。”

“但我说得对吗？”我问，“你们有没有觉得，那些自我评判听起来很熟悉——就像它们一辈子都藏在你们心底？”大部分学员都表示同意，或者点了头。

“是不是总会归结到同样的东西？”安妮问，“我就是不够好？”

亲爱的读者，你们的自我评判是不是也会归结到一点，就是你不够好？

“基本上是的，或者是类似的自我信念。”我答道。

“所以说，不管我们怎么做，一辈子都没法摆脱？”

“这可不一定。批判的问题在于，它不是真的。但你会相信它是真的，一直想要证明不是这样，结果却发现不管怎么做，效果都没法持久。当你对抗的是自我评判，批判总会赢。但如果你直面批判，意识到它在强化某种陈旧、深刻的自我信念，你就能直面它和这种信念支持的东西。”

“就是这样？只要直面它，它就会‘噗’的一声消失不见？”

“差不多吧，安妮。你有两个选择：直面并接受‘自己不够好’这个信念，或者转身拒绝。拒绝会让你继续执着于此，接受则会让你获得解脱，看清真相。”

“嗯？什么？不是应该正好相反吗？”贾马尔打岔，“如果我接受了，它不该继续缠着我吗？”

“根据我的经验，不是这样。拒绝接受‘自己不够好’的信念，会把信念变成敌人，也就是你必须对抗和防备的东西。你会受它威胁，感到害怕，因此产生执念。接受会让你放下执念，运用有意识的觉察，平静地观察这个信念。这种觉察有种奇妙的特质，能够看穿谎言，看清真相。既然‘你不够好’不是真的，你就会觉察到这一点，然后看清自己的真面目。”

“我看不出这跟为人父母有什么关系。”马先生说。

“噢，这一点特别重要，”我向他保证，“将来可能会有很多时候，你必须支持儿女经历巨大的挑战。面对挑战的关键就是，有能力面对令人受挫的感觉和信念，比如‘我不够好’。”

接下来半个小时，我简要描述了一些练习步骤（具体请见本书的第二部分），最后说："关键在于接受。我们对发生在自己或孩子身上的事有两个选择：接受或拒绝。我们这辈子大部分时间都在拒绝，也许是时候看看接受的效果了。"

练习九

面对孩子的赞赏

“本周有更难的课后任务等着你们。我希望你们请孩子给出反馈，问问他们欣赏你们的哪些地方。”

“那份清单肯定很短。”安妮说。

“啊，自我评判又冒出来了哟，安妮。”我调侃她，然后正色说道，“但我承认，我觉得这个练习在一定程度上需要我们直面自己。只要等待机会，问问孩子，你说的什么话、做的什么事让他们觉得有帮助或受鼓励。关键不在于问他们喜欢你什么，而在于问他们具体欣赏你哪一点。”

“喜欢我和欣赏我有什么区别？”梅薇斯问。

“我们希望专注于你所说、所做的什么激励、鼓舞了他们。记住，请他们回想小时候。如果你想让这个任务更刺激一点的话，也可以问问他们，他们希望你做什么来支持他们。”

第十章 你一直在这么做！

我惊讶地发现马先生又来上课了，因为上一堂课他似乎很不满意。更让我惊讶的是，怡茗神情愉快地跟我打了个招呼，夫妇俩一起走进了教室。怡茗看起来容光焕发。我很快就知道了原因，因为马先生在课上率先发了言。

“听见阿坤开口夸我们——尤其是夸怡茗，感觉真是棒极了。他说到了怡茗是多么有耐心、温柔、坚强，她的勇气和决心是自己最好的榜样。他还说了我不少好话。但让我惊讶的是，他一直都有这些感觉，却从来没有说出口。老实说，我起初觉得他是个典型的青少年，只在乎自己，把父母看成提供食物和金钱的对象，但短短几分钟时间，我对他的看法完全改观了。”我问怡茗想不想补充什么，她只是微笑着摇了摇头。

“我不知道我家发生的事是不是奇迹，但我开始期待家庭聚餐了！”素仙说，“大女儿开始跟我们说话了，甚至建议我们别带手机上餐桌！我还以为得动手术才能让她放下手机呢，可她完全让我大吃一惊。”

“我们把家里的用餐区称为‘无手机区’，”我跟她分享心得，“我们在餐桌上吃饭、玩游戏，关掉手机，这样才不会被打扰，不会受诱惑。”

“好主意！总之，我和海元一直拖着不想做课后任务。后来，我们终于请孩子说说，我们是怎么鼓励他们的，结果很不错。”

这个时候，她丈夫也开口了：“至少现在我知道了，他们不觉得我是怪物。他们感激我做出的牺牲，欣赏我的幽默感，感谢我帮他们度过挣扎和失败。听见大女儿说，她觉得我很尊重她，就算是她心情不好的时候。我得承认，我差点掉了眼泪。”

“女儿说我是她的英雄，”敏贞主动发言，眼中闪着泪光，“她知道我跟丈夫一起生活有多难，她说她佩服我离开丈夫的勇气。她说，这教会了她为自己而战……八岁的小孩怎么会知道这些？”

“你呢，朴先生？”我注意到他今晚的肢体语言不如往常主动，只是低头盯着地板。听我提到他的名字，他才抬起头来。

“噢，我儿子明确表示他尊重我，但说不出具体欣赏我什么。我意识到，他在成长过程中几乎没有父亲陪伴。这让我既惭愧又后悔。其实应该说，他在成长过程中没有平静的父亲陪伴，让他能建立情感连接，就像您说的。”他沉默了几秒钟，但学员们似乎都知道他还没说完，所以都在静静等待。“我女儿对我说了些奇怪的事。她说她感激我坐下来陪她画画。我都不记得自己这么做过，除了几周前请她教我画大象。但后来我太太告诉我，我在她两岁的时候陪她画过画。我都不记得了，可我的小友莉记得清清楚楚。”他的故事和语气似乎触动了我们每个人的心。我觉得这传递了一则信息：不管你犯了多少错，孩子总会让你看到自己内心的智慧型父母，只要你允许他们在前方引领。

短暂的沉默过后，我问还有没有人想分享。怡茗举起了手。“我想道歉，”她低声说，“在我们的文化里，请孩子给出反馈——不管是正面还是负面反馈，这件事并不容易办到。我们希望孩子尊重、服从父母，不要看见我们的错误，也不要批评我们。我父母从来没有问过我，我感激他们什么。我猜他们只期待我感激他们为我做出的牺牲。我害怕接受这些关于平静、智慧父母的观念，因为我觉得这是背叛父母和祖先。我想要相信他们的做法是正确的，也是唯一的。可我也怕这么多年来我一直做错了，毁了孩子的幸福。”她用丈夫搁在她膝头的纸巾轻轻按了按眼睛。

“做完上次的练习，尤其是听完儿子说的话以后，我感觉被他拯救了。我已经快被自我评判淹死了，是他伸手把我拽了出来！抱歉，我不知道你们能不能理解这对我来说意味着什么。”她的最后一句话是望着布拉德和珍妮特说的。

“你是说我们这些‘西方人’吗？”布拉德调侃道，“老实说，怡茗，这些十分钟任务对我的冲击也很大。没错，我和珍妮特并不怎么关注孩子的学习成绩，但对我来说，那是因为我太讨厌学校，根本不想沾上那些玩意。我甚至不去参加家长会。前几周我才发现，孩子们希望我对他们的学业更感兴趣。我之所以会知道，是因为我开始真正倾听了——我们有了真正的对话！

“我这辈子从来没有过这样的体验。我参加过很多家庭聚会——婚礼、新年、父母生日——但从来没听过父母和孩子这样聊天。”让大家惊讶的是，布拉德突然站起来，张开双臂朝怡茗走去。同样令人惊讶的是，怡茗竟然也站了起来，接受了布拉德短暂而真挚的拥抱。

“在我们的文化里，传统的育儿方式一直是条单行道，”我说，“父母要求孩子尊重自己，但不一定有资格受尊重。父母要求孩子盲目服从，但几乎不让孩子理解为什么要遵从父母的指引。长久以来，这一直是一种专制体系。但随着社会的进步，育儿方式也要努力跟上时代。世界上有些家庭转变成了协作式育儿方式。在协作式体系中，父母不要求孩子尊重和盲从，而是教导孩子自律、情绪成熟、头脑清醒。父母培养跟孩子的情感纽带，鼓励孩子发展天赋。情感连接、鼓励、以身作则、耐心、信任……父母关注的是类似的特质，不是因为传统理念要求他们这么做，而是因为他们想为自己和孩子营造和谐的氛围。”

亲爱的读者，如果要在专制式育儿和协作式育儿之间做选择，你会选哪种？你的父母又选了哪种？

“我和太太做任务的时候，请孩子说出我们的哪些做法让他们感到受挫、哪些做法让他们觉得受鼓舞，然后根据他们的反馈列了这份清单。”我按下遥控器，屏幕上呈现出以下文字：

受鼓舞:

1. 我们不听话或发脾气的时候，你们平静地叫我们回房间玩，直到我们感觉好一些（给我们自主权）
2. 你们对我们说话就像对成人，而不是对小孩
3. 你们做了不恰当的事会向我们道歉（比如对我们吹毛求疵或大吼大叫）
4. 你们支持我们去做我们喜爱的事（活动、运动、学业、旅游）
5. 我们大学毕业后，你们支持我们工作和事业上的决定
6. 你们会表达爱意
7. 经常拥抱！！！
8. 我们彼此争吵或跟朋友吵架的时候，你们不会选边站
9. 我们小时候，你们每晚都会给我们念故事
10. 你们确保了我们能一家人一起吃晚餐（显然家庭晚餐对孩子的成长发展极为重要！）
11. 你们鼓励我们谈论自己的感受
12. 你们不会重提过去的错误
13. 你们不会威胁我们（除了少数几次）
14. 你们从来不打我们
15. 当我们说某件事是真的，你们总会选择相信（绝不会认为我们撒谎）
16. 你们信任我们
17. 你们经常跟我们逗乐，家里充满欢笑

18. 你们会跟我们一起玩游戏

不受支持 / 受挫：

1. 不能经常坦然谈论性方面的事，所以我们在成长过程中为自己的情欲感到羞耻（这不是你们的错，你们当时不可能知道！）
2. 当我们说自己做不到的时候，你们会过度鼓励我们（我们觉得你们并没有试着了解具体情况）
3. 我们长大后，你们对我们校园生活的参与越来越少
4. 你们常常过于注重我们的外表（皮肤、衣服、发型等等）
5. 当你们特别生气的时候，老爸会几个小时不说话，老妈则不想解决争端，只想赶紧忘掉，仿佛什么事都没发生过（要是吵完后能平静地讨论，把误会解释清楚，那就好了）
6. 你们让我们相信魔法，没有教我们科学思维
7. 有时候老爸太爱调侃我们
8. 我们需要有人督促的时候，老爸逼我们逼得不够紧
9. 有时候老妈逼我们逼得太紧

“看到这份清单，我才意识到，孩子从很小的时候起就给了我们这样的反馈——除了讨论性爱这件事。他们一直在教我们协作式育儿方式，而我们根本没有意识到！我们只知道自己不想成为专制型父母。我们不要求孩子服从，只想让他们理解遵从父母引导的重要性。我们会讨论他们反对的事，尽可能通过理解和协商来做事。

“当然，我们在一路上犯过许多错（现在还会犯错），发过脾气，

体验过受挫失望，也怀疑过自己是不是合格的父母。就像清单上写的，有时候我不够坚定，有时候又会像小屁孩一样生闷气。我和太太都不是在协作式环境里长大的，没有成熟、智慧型父母的好榜样。事实上，我们觉得自己小时候父母忽略了大部分责任。

“后来，我们开始分享在父母身上看到的值得赏识的特质，这才意识到他们要比我们想的更有智慧。通过赞赏他们，我们就能运用他们给予我们的礼物。在那之后，就是尽可能相信自己的直觉和常识，发现错误时勇于承认，让孩子教导我们。我和太太就是这样形成我们所谓的‘培养父母’的做法的。”

“这听起来像您的全职工作，”马先生有点防备地表示，“但我得经营一家公司，怡茗也在家里创业，我们没那么多时间。况且，我母亲在我儿子小时候带过他，她带孩子的方式很传统——就是您称为‘专制式’的。现在似乎已经太迟了。”

“这就是我们的下一项课后任务。”

练习十

赞赏自己、伴侣和父母

“这个练习会帮你们看到，虽然你们自己可能还不知道，但你们已经为成为智慧型父母和鼓励孩子打好了基础。我要请你们去探索，你们为孩子提供的哪些东西起到了支持、鼓励的作用。可以参考上一个练习的收获，也就是孩子对你们表达的赞赏，进一步深入观察自己。在你们列出的清单上，有些东西可能是孩子目前还看不到的。想到支持和鼓励的时候，请记住，除了实实在在的鼓励，还有心理和情绪上的。你们也可以问问伴侣，他们看见你们给了孩子什么。你们也可以给伴侣反馈，说说他们做出了哪些贡献。不要低估你们想到的东西。关键不在于提供支持和鼓励有多频繁、多明显，而是认清自己内在的这些特质。觉察是最强大的工具。它就像一束光，有助于美好特质滋长，也能让花园里的杂草暴露出来。一旦暴露在觉察之光下，无效的育儿行为就会消失无踪。”

“好吧，又是一份很短的清单！”布拉德表示。

“哎哟……”珍妮特佯装清了清喉咙。

“我知道，我知道！丑陋的自我评判又冒头了。”

我接着说：“列出我刚才说的第一份清单，你们可能要花上十分钟。所以，接下来的部分可以第二天再做：再列一份清单，写下父母给你们的礼物。这些礼物为你踏上智慧型父母之路做好了准备。”

“这才是一份很短的清单呢！”贾马尔大声宣布。

“贾马尔，你可能会很惊讶的。花点时间想想你的父母，也许可以看看他们的照片，然后对自己说：‘如果能不加批判地看我父亲，我会看到他的______。’用你能想到的词语填空。这么试上四五次，然后也对你母亲这么做。我知道，你父亲经常揍你，你母亲只是袖手旁观。但请看看你能不能暂时抛开这些，只要五分钟就行。”

“他会尽力的。”梅薇斯替他保证，开玩笑似的戳了戳他的侧肋。

“所以，你们要列一份清单，包括四项内容。”我指向屏幕：

1. 我给孩子的鼓励和支持，包括特质、示范或教诲
2. 我伴侣给孩子的鼓励和支持，包括特质、示范或教诲
3. 父亲给我的鼓励和支持，包括特质、示范或教诲
4. 母亲给我的鼓励和支持，包括特质、示范或教诲

第十一章 他们有眼却看不见

“现在，我真的明白您为什么说这些任务是‘十分钟奇迹’了。”贾马尔说。现在轮到他跟大家分享赞赏练习的成果了。他的语气和肢体语言表现出了谦逊，这是我在之前整整十堂课上都没见过的。“短短几分钟，我对自己的了解就超过了过去四十二年！我觉得我以前就像某种自动运转的机器，只要觉得不自在就会发火，把自己的不快怪到别人头上，从来不去想我为什么这么容易发火。我一直把感到一文不值的感觉推开，想要证明自己有价值。我从来没有意识到，在试图证明自己的时候，我忽略了自己原本就挺好的地方。”

“只是‘挺好’？”

“好吧，好吧——非常好的地方，真正有价值的地方。先得到儿子的反馈，然后是太太的反馈，我才明白自己不是窝囊废。就连事业上的成功也说服不了我——我一直觉得自己还不够成功，必须再多做点什么！”他摇了摇头，低头盯着地板，伸手握住了太太梅薇斯的手。

“但真正的突破是跟我的父母！我得逼自己去找他们值得欣赏的地方。要不是梅薇斯敦促我，我会一直拖下去。但当我开始欣赏父母给过我的支持和鼓励（虽然不常有），我觉得……我也说不好……很感恩。我甚至感觉到了对我父亲的爱，感激他为我做的一切！那家伙在我小时候几乎没对我说过一句好话，但我意识到他教给了我决心、毅力和正直……完全是靠他的一举一动。我不知道这是不是您说的‘奇迹’，但我当初报名的时候，根本没料到会这样。”

“别告诉大夫啊，”布拉德对贾马尔大声说，“他会多收你钱的！”

“我在第一堂课上就提到过，”我打断了他，“词典上对‘奇迹’的定义是‘出乎意料而有好结果的事’。人们通常认为奇迹与神有关，但其实它只是人类生活中的自然现象。在我看来，赞赏是最伟大的奇迹，因为它能深刻改变一个人的认知。赞赏的好处在于，它可以无限扩展。你表达出的赞赏越多，内心感觉到的赞赏就越多。

“我要再次提醒大家，赞赏不光是感激给过你东西或帮过你的人。赞赏是认清某人或某物的美妙本质，体会到敬畏、爱和感激。这就是练习赞赏的好处——你可以真正看见。赞赏能让你透过表象看本质。美是一种特质，而不光是外表。天才不光是智力上的出类拔萃。慷慨不在于你奉献多少，而在于奉献精神。富足不是看你有多少金钱或财产，而是你有多么重视自己的天赋、才华和美妙特质，有多么重视生命本身。”

“我的故事跟贾马尔的差不多。”敏贞看起来也平静多了。我环顾全班，发现大家看起来都更放松，心态也更开放了。除了那位戴空白名牌的女士。虽然那是个温暖的春夜，但她仍然穿着长款羊毛外套。

“我父亲已经过世了，”敏贞说，“虽然我很感激母亲在我工作时帮我照顾女儿，但我们的关系并不亲密。她和我父亲总是遗憾没生个儿子，所以我总觉得自己让他们失望了，是他们的负担。他们总是对我冷冰冰的，有时候我真希望他们能揍我，好让我感觉到人与人之间的接触。”她平静地描述自己的经历，没有表现出任何情绪，但她的声音像是从内心深处发出的。教室里有种大教堂般的寂静，大家都身子前倾，想要听得更清楚些。

“昨天晚上，我终于做了您提议的练习。那真的很难，因为我找不出曹华身上值得欣赏的地方。”她指的是她的前夫。“就像我父母对我的态度一样，曹华也不想跟雅佩扯上关系。他想要个儿子。女儿出生后，他变得很凶，开始打我。总之，我试着从我父亲开始做这个练习。我拿着父亲的照片，试着回想父亲给过我的礼物。突然间，我看见了父亲眼中的爱。我简直惊呆了，因为我知道那不是我想象出来的！我父亲从来没喜欢过我，至少从来没有显露出来，但我有种强烈的感觉，他愿意为了我牺牲自己的性命。

“我鼓起勇气问母亲，我的感觉是不是真的。她说当然是。我脱口而出：‘可他不喜欢我——您也不喜欢我！’”故事说到这里，我猜敏贞和她母亲的关系有了某种突破，可事态的发展令人惊讶。

“听见我这么说，我母亲立刻一脸愤怒，说：‘你是女孩，我们怎么可能喜欢你？我们需要儿子。’然后，她又说：‘反正父母也不需要喜欢孩子，更不需要爱孩子。’”

“真是个浑蛋！”布拉德脱口而出。他意识到自己说得太大声了，立刻红着脸向敏贞道歉：“抱歉，我不是故意的……”

“但她说得对，”敏贞接着说，“当我意识到她说的是真话，终于能从全新的角度看待父母了。这么多年来，我一直在等父母喜欢我，结果只让我痛苦不堪，感觉自己一文不值。但昨晚，我终于在某种程度上接受了父母。等我再看父亲的照片，对他的感觉不一样了……我没法夸他是个好父亲——至少现在还做不到——但我可以夸他是个……是个天使！”

“真有点令人难以接受啊。”布拉德连讥带讽地说。

“如果你认真想想，就不会觉得难以接受了，”我说，“如果你能接受奇迹是某种非灵性体验，也许就能从同样的角度看待天使。天使可以是跟你没有交往、没有情感连接，但在其他方面帮过你的人。”

“没错！”敏贞大声说，“我父母没有给过我温情或爱意，但他们给了我一份很特别的礼物——他们让我看到了真正的爱！别让我具体描述是什么。我只是觉得，放下对父母的期待后，我就像解开了蒙眼布，看东西的方式从此不一样了。”接下来，大家都陷入了沉默。我环顾全班，意识到基斯一脸痛苦，就请他说说看。

“我想，我儿子贝伦觉得我不是真的喜欢他。我想他是对的。”

"基斯！"安妮身子往后一缩，愤怒迅速取代了震惊。

"抱歉，但那小子做的每件事都会惹毛我！这种情况已经持续很长时间了。我想要喜欢他，也知道我应该喜欢他，可是……"他的声音越来越小，接着又是久久的沉默。我能看出安妮内心的翻腾。最后，基斯终于接着往下说了。

"我的意思是，我不像敏贞的父亲。我会陪贝伦打球，吃晚饭时也会跟他说话，可是……我也说不好……我就是不喜欢他。"

"呃，你在期待什么呢？他只是个孩子！所有男孩都很烦人！"安妮厉声说。

"没错！"梅薇斯表示赞同。

"我什么也没期待！"基斯变得防备起来，"该死，我就不该说的！"

"我很高兴你说了，基斯，"我安慰他，"你和敏贞的分享把我们引向了下一项课后任务。但我得说，如果你对儿子没有任何期待，那你就是我见过的第一个人。只要你有对重要性和归属感的需求，就会有所期待。父母会把自己的需求投射到孩子身上，甚至在孩子出生前就在这么做了。有些父母对孩子有太多期待，结果只能看到那些期待，或是孩子没达成期待导致的失望。根据敏贞的说法，她肯定觉得父亲看自己永远是失望，因为他想要个儿子，所以看到女儿只会失望。他从来没有真正看见女儿。同样的道理，敏贞也从来没有真正看见父亲。"

"您是说，我看贝伦的时候，只看见了自己的失望？"

“对，也许吧，”我点点头，“当然不光是这样。你也可能看见了自我评判。”我突然转过身，对他太太说，“安妮，看着你的丈夫，告诉我你看见了什么。”

“这个简单，”安妮的声音低沉又冷酷，“我看见了一个冷漠自私的父亲，一个不说实话的丈夫。”

“喂——！”基斯想要抗议，但我打断了他。啊，权力斗争开始了，我在心中偷笑。

“等等，基斯，让我先说完。好了，安妮，你第一次遇见他的时候，你看见了什么？”

“我不想回想那个。”

“拜托，这很重要，跟这门课的本质有关——我觉得也是为人父母的本质。所以，拜托了……”

“我看见了一个很棒的男人。温暖、迷人、体贴……总之很棒，可是……”

浪漫的期待，我心想。“在基斯说出他对贝伦的感觉之前，你——”

“您是指他对贝伦没感觉吧！”

“好吧，他没感觉——在那之前，你觉得他看起来怎么样？”

“他看起来很正常。”安妮耸了耸肩，仍然双臂交叉，紧紧抱在胸前，“就像个朋友，或者同伴，诸如此类的……”

安全感和稳定性，角色和可预测性？“所以哪个才是真正的基斯？”

“我真希望能知道！我原以为知道丈夫是什么人，可现在只觉得旁边这家伙是个彻头彻尾的陌生人。”

“是吗？你也暴露了你的真面目！”基斯反唇相讥，他的肢体语言与妻子互为镜像。他们两人都面朝外侧，双臂双腿交叉，脸上愤怒的表情几乎一模一样。

“我想说，这三个基斯——不喜欢儿子的基斯，你以为喜欢儿子的基斯，还有你当初爱上的基斯——都不是真正的基斯，因为你没有真正看见过基斯。你看见的是自己的期待、批判、失望、愤怒，但那些都不是真正的基斯。”我在排成弧形的座椅内圈踱步，希望大家能听明白我说的。

亲爱的读者，你能真正看见自己的孩子吗？还是说，你也被自己的批判、期待、需求和肢体感受限制住了？

“这就为我们引出了下一个‘十分钟奇迹’：看见你的孩子。你必须超越自己的个人看法、批判和期待，甚至超越你称为‘儿子’或‘女儿’的这个存在，发挥你的内在洞察力，认清孩子的真面目。他们在化为人形之前究竟是什么？别管什么灵性或前世。如果你愿意的话，完全可以用科学方法加以分析。先看着你的儿子或女儿，问问自己：‘我面前的这个存在是什么？’一直想着这个问题，想象答案是无法用言语表达的。”我看见大多数人都一脸茫然，但敏贞的微笑告诉我，至少有一名学员掌握了要领。

“在我看来，这是最强大的练习，”我接着往下说，“它让我超越了对孩子的所有信念，见证他们的伟大，让我为之震撼。也许身为父母，我们希望孩子能有优异的表现、杰出的成就，让我们感到骄傲，可以向别人吹嘘。因为把孩子看成特别的，我们就会对他们有所期待，并根据他们达成期待的程度来评估他们。如果他们没有达成期待，不能让我们满意，我们就会失望，从而形成批判，觉得孩子有问题。一旦开始批判，就很容易不断寻找孩子的错误。但请意识到一点：我们的大多数期待都是不切实际的，通常并没有考虑孩子想要什么，也没有考虑他们的天赋和才华是什么。也许是因为我们没有真正看见孩子，只看见了自己的欲望和需求，这些东西掩盖了孩子的真面目。

“只有真正看见孩子，你才能意识到他们是多么独特的存在。不光是他们的人格个性，不光是你希望他们成为什么样的人，不光是你担心他们可能发生什么事，也不光是你对他们的看法。等你看见了孩子的本质，才会惊讶地发现，从他们呱呱坠地以后，你究竟错过了什么。”

“‘看见’孩子能不能帮我支持他们取得成功？”素仙问。

“你说的‘成功’是指什么？”

“我是指，我能不能看见儿子成为成功的商人、医生或工程师？您说的‘看见’是指这个吗？”

“也许吧，但我没法保证你能看见。对于孩子的幸福和成功，我们每个人的看法都不一样。你和海元在事业和经济上都很成功，但你确定那是你孩子眼中的‘成功’吗？”

“我儿子说，他想做游戏玩家或游戏设计师，或者两个都做。

我大女儿想做探险家或考古学家，她说想去非洲工作。我在他们这个年纪的时候，从来没考虑过这些职业。但在我看来，这些职业都有点危险。有几个考古学家在经济上有保障？”

老天啊！我绝望地想，我要怎么解释才不会听起来像童话故事，或是“新纪元”的陈词滥调？

“我见过的人里，只有少数几个做了父母希望他们做的工作，”我开口说道，“在那少数几个人里，只有一个对自己的生活真正觉得满意。我认识的大多数人都选择了父母根本没有预料到的职业，并取得了不同程度的成功。谁知道孩子大学毕业后会遇到什么样的工作机会？如今，就连医生都在被机器人取代。谁知道孩子会不会选择上大学？”我看见了许多错愕的表情。我猜，对在场许多父母的孩子来说，不上大学根本不是个选项。

“我只知道，人会追随自己的天赋，做自己热爱的事，不会为自己的决定后悔——就连那些在职场苦苦挣扎多年的人也是。因为他们在做自己充满激情的事。通常来说，只追求经济保障的人受到‘生存’和‘安全’的需求驱动。这个我完全能理解。但那些想表达自己美妙特质、天赋和才华的人，看起来似乎更满足。他们也会有恐惧，也会觉得自己一文不值，但他们更想发挥自己的真实潜能，而不仅仅是证明自己有价值。他们也许会比追求成功的人走得更艰难，但不会觉得太难熬。金钱通常会自动找上门来。”

“所以，如果我鼓励儿子展现天赋，他就能走向成功？”素仙的丈夫问。

“海元，如果你说的是金钱上的成功，他们走向成功的机会跟别人差不多，因为人生是没有保证的。但我们先运用一下常识：既然你不知道孩子的未来会怎么样，那么关注他们真正的能力——真正的天赋——支持鼓励他们展现出那些特质，不是更说得通吗？这不是最切合实际的引导孩子的方式吗？”

“我也不确定。我办公司是希望儿子将来接手，或是我的大女儿。从他们很小的时候起，我和太太就这么告诉他们。游戏和考古是不错的爱好，可是……”

“我懂。我们都希望孩子活得安全，过得稳定。我父母只希望我找份稳定的工作，娶个虔诚信教的好姑娘——最好是白人——再买栋房子，经济上有保障。我十八岁离开家以后，做的事跟他们希望的几乎完全相反。我从一座城市搬到另一座，工作换了一份又一份，逃避婚姻，尽量避开虔诚信教的姑娘，有一阵子无家可归，身上一分钱都没有，最后娶了个亚洲姑娘，做了我十几岁时根本不存在的工作。我父母从来不了解真正的我，从来没看见过我的天赋和才华，也不知道我的终极人生目标。我还在四处游荡的时候，我父母就过世了。但高中有一位老师真正看见了我，鼓励我发挥自己的天赋。他短短几句话的鼓励对我影响深远，帮我最终看见了自己的真面目。

“当你真正看见自己的孩子，就可以为他们留住那个画面，帮他们认清自己的真实本质。不过，‘看见’之中还蕴含着更大的机会。你会发现，当孩子面对生命中无可避免的挑战时，你会更容易信任他们。因为你明白，他们比任何难题都强大。于是，你就不会把那些问题看成敌人，只会看成让他们进一步了解真实本质的通道。”

“你一直都能这么对自己的孩子吗？”怡茗问我。

“不是总能做到。有时候我会被焦虑打败，可能是一小会儿，也可能是好几天。我不知道孩子下次遭遇危机时我会有什么反应。但我知道我可以做选择，而不只是承受焦虑之苦。如果那时我能记得的话，就会停止焦虑，试着真正看见孩子，相信他们能面对风暴，变得更坚强、更明智、更成熟。”

“我不知道我能不能做到。”布拉德突然说，“首先，我不知道我能不能真正‘看见’孩子。但就算能做到这个，我也不知道，当他们面临重大挑战的时候，我能不能做到。毕竟，这个世界上充满了困难！”

练习十一

看见孩子

“除此之外，你只有一个选择，那就是将他们视为受害者，只关注他们的弱点。再强调一遍，我说的不是正向思考。我说的是，我们身为父母，有能力看见孩子真正的才华。只要每天抽出十分钟，甚至不到十分钟，认真观察你的孩子。不是用肉眼，而是用内在洞察力。首先觉察他们的外表，然后问问自己：‘这个人究竟是谁？是什么？’想象你在观察一个人类形态中的非实体存在。然后问问自己：‘这个存在拥有什么天赋或特质？’让答案自然而然地浮现。有时候你会觉得答案是自己编出来的，有时候可能真是这样。但当你真正认清某种天赋或特质时，会有一种全新的体会，可以称为‘洞悉’……”

第十二章 你的内在洞察力

“我和太太做不了‘看见’的练习，”海元告诉我，“老实说，我真的不明白您说的是什么意思。我试了好几次，但都不知道我在看什么。我只看见三个孩子就像三个孩子。您的建议太抽象了。素仙很难过，她说，她不知道这怎么能帮孩子提高成绩。”

我一点都不惊讶会听到这种话。这是课程的倒数第二周，必然会有部分学员产生疑惑。

“我不是要批评您的课程，”海元接着往下说，“只是我还不确定这门课是不是切合实际，能不能帮我的孩子面对需要金钱和工作才能活下去的现实世界。钱越多，工作越稳定，日子就越好过。受教育程度越高，赚钱和获得稳定工作的机会就越大。我和太太都是很现实的人，我们需要看到实际效果。”

我打开投影仪，一边等它预热，一边浏览笔记本电脑上的文件夹，直到找到我想要的文档。这给我留出了充裕的时间，确认我的回答不会得罪人。

“这门课的一大目标，就是帮父母为孩子营造包含鼓励、自律、耐心、信任的环境。创造这种环境的基本材料就是接纳、觉察和赞赏。这些东西都是免费的，我们每个人都有很多，只要去运用就行。我这样设计这门课程，是因为我觉得让孩子在这样的环境中成长很切合实际，因为所有人都负担得起。这不是给孩子买什么高级玩意，不是把他们送进大多数人读不起的学校，也不是让他们住进高档小区里的豪宅。这门课是要培养孩子与生俱来的美妙天赋和才华。”

“但如果那些天赋和才华都不切实际呢？”海元问，“我女儿已经决定不做考古学家了——她现在喜欢的是人类学！”

“她还说她不想结婚。”素仙补了一句。

“好的，”我说，“如果她像我女儿一样，上大学之前想法还会改上十几次。我女儿从来都不选我觉得她会适合的职业。我昨天刚跟她通过电话，她正在柬埔寨背包旅行呢。”

“她一个人？”敏贞、珍妮特和素仙齐声惊呼，把我吓了一跳。

“她在路上认识了一些朋友。”我回答。

“您怎么能让她一个人去？”敏贞一脸责备地问。

“嗯……”我沉吟了片刻，“我怎么能让她一个人去？她虽然是我女儿，但已经不是小孩了。对我个人来说，是不希望她去那里，尤其是一个人去，可她不是我的私有财产，也不是我能控制的机器。她出生两周后，我就明白了这个道理。当时她差点夭折。看着恒温箱里的那个小生命，我突然意识到，我没有能力救她。这个了悟差点让我跪倒在地。”

“她后来怎么样了？”珍妮特问。

“她活下来，长大了，现在已经二十一岁了，在柬埔寨背包旅行，”我回答，不想多说下去，“重点在于，海元，我觉得你想得到保证。但就像我之前说过的，人生是没有保证的。大家买书来读，参加研修班，想得到实实在在的效果。有些人上励志课，相信正向思考会让他们富裕幸福。有些人上致富课，相信某种独特技巧能让他们富裕幸福。有些人去庙里，相信神明的力量能让他们富裕幸福、疾病痊愈、子孙成功。这些做法都不能保证成功。它们给出承诺，但没有保证。没有哪个方法能保证百分之百有效。连百分之五十都没有！也许还不到百分之五呢！你觉得这听起来切合实际吗？”我背后的屏幕一片空白，于是，我按下遥控器，展示出我想对大家提的一个个问题。文字浮现后，我大声念了出来。

“一、你跟孩子的关系是亲近了还是疏远了？有多少人会说亲近了？”所有人都举起了手，除了那位戴空白名牌的女士。

“二、你对孩子的赞赏比上课前多了还是少了？有多少人会说多了？”还是同样的结果。

“三、你的生活是变丰富了还是变贫乏了？有多少人会说变丰富了？”多了一个人没举手。

“如果你对这些问题的回答是肯定的，我就可以解释这些‘十分钟奇迹’的实际效果了。不过，我觉得，跟孩子建立更加亲密、充满赞赏、丰富多彩的关系，这本身就是实际效果了。

“这门课的宗旨是营造一种家庭环境，为孩子提供鼓励，认清孩子的天赋和美好特质，加上智慧的引导、有爱的管教，还有玩乐和幽默。这是父母能给孩子提供的最有益的准备。我觉得，这非常切合实际。”

“如果我对那些问题的答案是否定的呢？”布拉德问。

“首先我会问，你对自己为这门课付出的努力满不满意。如果你的答案是肯定的，你确实付出了努力，但没有看到可量化的好处，我会说这门课不适合你。我会全额退款，真心祝福你和家人万事如意。如果你的答案是否定的，说你对自己的努力并不满意，好吧，我真的不知该怎么回答了。”

“我觉得我的努力还不够，”布拉德承认，“但还是有一些改变的。我们的家庭生活温暖多了，也有趣多了。我觉得跟孩子们的情感连接增强了，就算发生冲突也更容易解决了。”

“那是因为所有苦差事是我做的，”珍妮特提醒他，“你欠我很多，伙计！”

“我一开始就说过，这门课关注的不是你们的孩子或他们的未来，而是你们自己，”我告诉大家，“你们看到的家人和家庭环境的改变，反映了你们在课上迈出的每一步。

“有句老话是这么说的：如果你唯一的工具是把榔头，那么所有问题看起来都像钉子。”一些学员觉得很有意思，但大部分人都皱起了眉头，显得迷惑不解。

“做父母跟当木匠有什么关系？”贾马尔问道。

“当你认为做父母完全是养育孩子，你就会只关注孩子，关注怎么操控、控制、管教或吓唬孩子，让他们去做你或社会觉得对他们来说最好的事。当你意识到，孩子之所以一直存在问题，完全是因为你，你的工具箱里就会突然多出一把螺丝刀。然后，当你意识到那个问题是为你存在的——是为了帮助你成长——工具箱里就会再多出一卷皮尺。加上自我反思、赞赏、化解自我评判，还有我们过去十周做的其他练习，你就会拥有一套完整的工具，能创造出对孩子极为有益的新环境！

“那么，我们来看看你们现在能创造的家庭环境有哪些要点吧。”我按下遥控器，换了一张幻灯片，然后对大家念出了屏幕上的文字：

1. 鼓励（认清孩子的天赋和特质）
2. 智慧的引导
3. 有爱的管教
4. 玩乐和幽默

“首先是鼓励。孩子的成长取决于他们如何面对归属感和重要性的需求。大多数人一辈子都被这两种需求驱使。我们加入团体、结交朋友、建立亲密关系、分享兴趣爱好，都是为了体会到归属感。对归属感的需求是我们的本能需求，而情感连接对孩子来说极为重要。你接触孩子的时候越真诚，孩子能感觉到的鼓励就越多。关键不在于接触有多频繁，而是你有多用心。孩子在家里感觉到的情感连接越强，在外界保持自信的可能性就越大。

“第二个基本需求是重要性。孩子需要知道自己对父母来说很重要。帮助孩子认清自己独特美妙的天赋、才能和特质，就是鼓励他们重视自己。如果他们重视自己，就不会不自觉地想对别人证明自己的价值。他们越是受到鼓励展现自己的本质，就越有可能找到充满意义、让人满足的工作。”

“所以您的意思是，”梅薇斯接过话头，“作为父母，我们的责任就是让孩子有归属感，知道他们对我们来说很重要，对吗？”

“事实上，我说的不是这个意思。对归属感和重要性的需求是一种饥渴，只能暂时得到满足。想想你自己的经历就知道了。假设你觉得自己一文不值，急于感觉自己有价值。然后，贾马尔走过来，对你表达了真诚的赞赏。”我走到白板前，拿起一支马克笔，开始边写边说，“可能会发生几种状况：第一种情况，赞赏让你觉得棒极了，一文不值的感觉消失了。也许棒极了的感觉能持续一天甚至好几天，但一文不值的感觉最后还是会卷土重来。第二种情况，虽然贾马尔说的话很能安慰人，但你还是觉得不满足，一文不值的感觉占了上风。第三种情况，贾马尔的支持让你备受鼓舞，但你现在又希望其他人也觉得你有价值。只有丈夫重视你还不够——毕竟，这是他该做的，对吧？现在，你希望儿子也能重视你，还有你的父母、同事、客户、杂货店店员、邻居……甚至是市长！而且，这样还不够。即使这样够了，那也是暂时的。你对重要性的需求还是没有得到满足。”我在白板上写出了下面的文字。

1. 你觉得自己一文不值
2. 丈夫赞赏你，你觉得很棒；一文不值的感觉暂时消失，但一两天后卷土重来，或者……
3. 丈夫的赞赏效果不大，一文不值的感觉占了上风，因此……
4. 你去其他人（甚至是所有人）身上寻找证据，希望证明别人也重视你！

“他说得对，”贾马尔对妻子说，“永远都不够。我一直告诉你，你棒极了——我们所有的朋友也这么认为！你是好妻子、好母亲、好老板……”

“是啊，”梅薇斯叹了口气，看起来更消沉了，“但就像老师说的，这些话本来就是丈夫该说的。”

“好吧，现在我感觉自己一文不值了，”贾马尔不满地噘起了嘴，“不管我怎么说都没用。”

“梅薇斯，”我打断了夫妇俩，免得这堂课变成婚姻咨询，“你是成年人，跟你的儿子们一样，有对归属感和重要性的需求。如果你自己都没有体会过持久的满足，又要怎么满足儿子们的需求？”

“我也不知道。这让我受尽了折磨！”她提高了嗓门，“我在詹姆斯身上看到了自己——觉得不安、害羞、想要躲起来——我不想他变得跟我一样！”

“什么？你是说，不想他变得成功、受人仰慕、坚定又幽默？”我打趣地问。

“别忘了美貌。”贾马尔补充了一句，不再噘着嘴了。

“那都是外表，”梅薇斯一口咬定，“那都是为了弥补我缺乏自信，觉得自己一文不值。在内心深处，我觉得很孤独，没法真正体会快乐。”泪水顺着她的脸颊滚滚流下，“我什么也给不了孩子。”

“但你是他们的母亲。你觉得辜负了他们，因为你没法向他们展示如何满足对重要性和归属感的需求。但你不理解的是，为什么你没法满足自己的这些需求。”

“我知道为什么，”她还是不肯松口，“因为我不够好！”

“自我折磨是周三的课。”我调侃她，然后接着说，“你找不到自己的归属感和重要性，是因为这些东西并不存在。从本质上说，需求就是无法满足的。我建议你鼓励孩子，跟他们建立情感连接，不是因为这么做能满足那些需求，而是因为这么做能通向更重要的目标：情绪成熟，认清孩子的天赋。情绪成熟能帮他们摆脱挫败感，让他们清醒地思考问题，而不是陷入情绪化。这还能帮他们认清，追求满足重要性和归属感的需求是犯傻。认清自己的本质能让他们快乐地发挥所长，而不是怀疑自己不够好。

“这就引出了营造健康家庭环境的下一个要点：智慧的引导。控制型父母会告诉孩子该怎么做、什么时候做、会有什么结果。智慧型父母则会帮助孩子理解需要做什么，跟孩子讨论最好的做法。请比较一下：

1. 现在就去做作业，一个错也不许犯！
2. 这份作业明天要交，你打算怎么完成？

“智慧的引导让孩子能自己做决定，并为自己的决定负责。控制则会剥夺孩子的力量，把他们的喜好和意愿变得不重要。控制型父母传达的信息是：‘如果我叫你做什么你就做什么，我才会重视你’。智慧型父母传达的信息则是：‘我本来就很重视你，信任你能为自己做出有益的决定’。下面，我来具体说明一下控制型和智慧型的区别。

“有一天，我和一个朋友计划去湖上划船，我希望六岁的儿子一起去。如果处于控制型父母的模式，我们之间的对话会是这样的：

“我：‘我们去划船——走吧！’

“儿子：‘我不想去。’

“我：‘来吧，你叫我给你买了桨，现在得用起来了！’

“儿子：‘我不想去。’

“我（用被动攻击的口吻威胁道）：‘好吧，不过你会后悔的……下次你再叫我买东西……’

“儿子发出郁闷的嘟囔，但继续玩他的玩具。

“我的朋友：‘如果你跟我们一起去划船，我会很开心的。’

“儿子：‘好呀！’他兴高采烈地蹦起来，跑去拿他的桨。

“儿子的突然转变让我很惊讶，而且老实说，我为自己威胁的口气和做法感到惭愧。我的朋友甚至没有做父亲，但他表现出了智慧的一面，我则展现出了控制欲。我的朋友表达了对我儿子的重视，希望跟他建立情感连接。他传达的信息是积极鼓励，我传达的信息则令人沮丧。”

在这之后，学员们开始分享自己企图控制孩子的经历，以及不同的难堪后果。这个过程大约持续了二十分钟，然后我接着说。

“控制型父母总是试图用权威让孩子屈服。这通常会让孩子倍感沮丧，相信自己的感受和愿望并不重要，进而觉得他们这个人并不重要。智慧型父母则会表达孩子对他们来说很重要，而不会讨好或溺爱孩子（这其实是控制型父母采取的虚假鼓励方式）。

“接下来是有爱的管教。这对父母来说是真正的挑战，幸好我太太在这方面是出色的老师。每当孩子不想做他们答应要做的事，我太太从来不生气，只是平静地坚持要孩子履行承诺，不管他们有多抗拒。

“例如，我儿子十岁的时候，有一次不想练钢琴。我太太告诉他，他不练完半小时就不准离开琴凳。我儿子又是扭动，又是抱怨，又是哀求，可我太太坚决不让步。我见儿子那么难受，默默祈祷我太太能让步，但她意志坚定，而且完全没发火。有很长一段时间，我儿子一直在挣扎抱怨，我心里也一直在挣扎。最后，他终于屈服了，开始练琴。我太太立刻走过去，坐在儿子身边，陪他一起练习。这件事给我儿子留下了深刻的印象。直到今天，他还会说，在自律和信守承诺这方面，那是他学到的最伟大的一课。对我来说，我从太太身上学到了关于‘有爱的管教’的重要一课。管教不需要发怒、批评、威胁或体罚。事实上，这些东西对管教有害无益，因为它们通常只会让孩子心生恐惧，而不能理解父母的良苦用心。

“同样重要的是，你会希望孩子培养自律，而不是依赖外界权威的指引。他们一生中会面临许多挑战，很多情况下都得独自面对。如果他们无法依赖自己的力量和决心，挫败感就会占上风。他们就可能失去动力，陷入抑郁或药物成瘾。

“最后，我们要说到玩乐和幽默。无论是对父母还是孩子来说，玩乐对身体、情绪和心智都很重要，幽默感也是。玩乐的好处在于，能够鼓励亲子之间建立情感连接、信任、真诚沟通和谦逊，还有助于消除焦虑和压力。除此之外，还有很多好处。幽默感是一种美好而宝贵的特质，父母应该培养孩子的这种特质。因为，如果能对我们人类的怪癖一笑置之，就会更容易接受自己的弱点和局限性。

“如果你们能把这四点——鼓励、智慧的引导、有爱的管教、玩乐和幽默——都融入家庭生活，就能营造一个美妙的环境，既能让孩子茁壮成长，也有助于自己消除压力。”

“好的，”马先生说，“但这跟‘真正看见’我孩子有什么关系？这些玩意听起来有点……我也说不好……有点神秘兮兮的。”

“我完全同意，”我说，“智慧型育儿方式有很多地方我也觉得很神秘！耐心、信任、爱、智慧……甚至鼓励，在我看来都很神秘！我都看不见这些东西，也不知道怎么才能运用到生活中。一个没耐心、爱发火的人怎么才能变得耐心又平静？智慧到底是什么？说到‘智慧’这两个字的时候，我脑海里浮现的是一位安详的老人或大师。但不是所有老人都有智慧，有些大师自大又骄傲——绝对不是智慧的好榜样。但我们内心深处知道，我们希望能更平静、有耐心、有爱心、充满信任，是因为没有做到的时候，我们会感觉失衡。”我望向时钟，发现已经很晚了，顿时觉得有点紧张。但似乎没有人着急离开，所以我又放松了下来。

亲爱的读者，此刻也许你该问问自己，智慧型育儿方式是一种心理过程，一种认知行为过程，还是一种无法用文字清晰描述的转化过程？或许更重要的问题是，这种育儿方式能不能靠练习来实现？还是说，它纯粹是哲学上的迷思？

“‘看见孩子’能让你放松做自己，内心平静、敞开心扉地观察一切。”

“我觉得好抽象！”马先生听起来颇为沮丧，但我觉得这是因为他真心想弄清楚。

“好的，好的……那我换个说法：放松你的眼睛。你可能会发现你的眼睛绷得很紧，就像想从眼眶里蹦出去。请注意，当你的眼睛没放松的时候，你的前额也会紧张。所以，当你的眼睛稍稍往回缩一些，前额就会自动放松下来。注意这两种情况有什么不同。像这样放松眼睛的时候，你并没有去寻找什么，只是纯粹看着。当你只是看着孩子的时候，并没有寻找什么特定的东西。这么一来，你就会得到惊喜，看到全新的东西。在我看来，这就是智慧的开端。你稍稍放松了控制欲，敞开心扉去学习。”看到学员们整张脸都放松下来，变得面无表情，我觉得挺有意思的。

“我想我明白了，”马先生说，“但我的眼睛还是想往外凸，然后我立刻觉得前额紧绷，下巴也绷紧了！也许我太太说得对，她经常说我看起来太紧张。”

“只是‘也许’？”我挑起了眉毛。

“我能接受‘也许’，”怡茗得意地说，“这证明我丈夫孺子可教。”

“你可能还发现了，”我继续对马先生说，“如果你的身体总是很紧张，你就容易对让你感觉不自在或预期之外的情况——也就是我们所谓的‘问题’——反应过度。对此，每天十分钟的暂停练习可以派上用场。这让你有机会有意识地放松，觉察到自己有多紧张——就像时刻提防敌人偷袭的士兵。就算待在自己安全舒适的家里，我们也会像被压缩的弹簧一样绷得紧紧的。在这种情况下，一点点小事都会让我们爆发。我最开始练习十分钟暂停，是因为我的烤面包机。我放了几片面包进去，按下机器，一分钟后探头去看面包烤好了没有。几秒钟后，烤好的面包片弹了起来，我竟然被吓得直往后退！我是说，我本来就在等面包烤好，早就料到面包片会弹起来，可还是吓了一大跳！我这才意识到自己有多紧张。”

“我刚发现我的眼睛又想蹦出去了！”海元大声说，“我的额头和下巴都很紧绷。只要我一不注意，一切都会恢复原样。”

“也许紧张是你的默认状态——你就是这么过日子的。你能看出你的紧张和怒气爆发之间有什么关系吗？你成天都绷着下巴和肩膀，眼睛朝外凸出，总是保持戒备，前额紧绷……然后，你回家面对你最爱的刺激源——妻子和孩子——大家都等着火山爆发。只要看见孩子的成绩单，或是看见女儿阴沉的表情，或是发现儿子在玩电脑游戏……砰！火山就爆发了。

“所以，本周我们要把两项练习结合起来：一是十分钟暂停，二是看见你的孩子。”

练习十二

“暂停”和“看见孩子”双管齐下

“具体步骤如下。”我大声宣布。屏幕上出现了以下文字。

1. 找个能舒服独处的空间
2. 关掉手机
3. 放松眼睛，感觉它们稍稍缩回眼眶
4. 全身放松，平静地呼吸，让孩子的身影浮现在脑海中
5. 问问自己：“这个孩子是谁？是什么？”保持观察……
6. 十分钟后，缓缓起身，去做今天该做的事
7. 接下来的一周，只要你在孩子身边，就抽空问问自己：“这个孩子是谁？是什么？”

“好了，”我先给大家留出时间阅读屏幕上列出的步骤，然后说道，“我们来逐条讨论。你们离开之前，我会给你们印好的资料。第一步：找个能舒服独处的空间。我知道这对有些人来说是个挑战，但每个人都需要完全独处的时间，暂时脱离周围繁忙的世界。

“第二步：关掉手机。如果你实在做不到完全关机，那就调低音量，

放在别的房间里。只有离开手机，才能真正脱离这个世界。”

“得用撬棍才能把布拉德和手机分开。”珍妮特表示。我这才意识到，我从来没见过布拉德没拿着手机的样子。

“我一直想告诉你，亲爱的，”她丈夫举起手机，对着太太说，“我要为了它离开你。”

“第三步，”我说，有点担心时间不够，“放松眼睛，感觉它们稍稍缩回眼眶。你的前额和下颌也会放松下来，然后是身体的其他部分。所以，用不着刻意放松所有肌肉和关节。

“第四步：全身放松，平静地呼吸，让孩子的身影浮现在脑海中。通常来说，想象孩子站在你面前，或是出现在你熟悉的场景中，做起来会容易些。我知道很多人不擅长想象，但大部分做这个练习的人都有足够的想象力，足以让练习继续下去。

“第五步：问问自己，这个孩子是谁？是什么？保持观察。如果你的注意力分散了，先确保眼睛还在朝脑海里看，然后唤回孩子的影像。

“第六步：十分钟后，缓缓起身，去做今天该做的事。起身前不妨抽点时间关注和感受你的身体有多放松。这有助于你在接下来的一天里觉察身体累积的紧张和压力。觉察到压力的时候，你只需要放松眼睛，让它们稍稍缩回眼眶，就能开启完整的身体放松反应。

“然后到了第七步，也是最后一步：接下来的一周，只要你在孩子身边，就抽空问问自己：这个孩子是谁？是什么？甚至孩子不在身边的时候，你也可以这么做。只要想到他们，就在脑海里看到他们的身影，保持几秒钟就行。感谢他们丰富了你的生命，然后提出这个问题。

请记住，提问的时候要充满惊叹——不是因为你想得到特定的答案，而是因为你真的想弄明白。”

“我们会试试看的，”素仙代表自己和丈夫说，“但我还是不确定您说的‘看见’是什么意思。”

“我用这个词是想跟‘看’区分开来。‘看’是靠我们的眼睛，而‘看见’是靠我们的本质。你内心有个智慧、有爱而平静的存在，它比‘自我’的理解能力更强。这个智慧的存在不受身体感官的限制。就算在很远的地方，它也能看见、听见、触及你的孩子，理解孩子的感受，不需要他们说一个字。你不是你认为的那个人，也不是你相信是的那个人。你的孩子也不是你认为的那个人。‘看见’能帮你觉察到那个超越信念的‘你’。对你的孩子也是一样。”屋里许多人都满脸困惑，或是一脸茫然。我觉得时间到了，就转身面对那位戴空白名牌的女士。她坐在我右边排成弧形的座椅末端。

“你愿不愿意跟大家分享一下，帕特丽夏？”学员们交换了惊讶的眼神，但仍然保持沉默。那位女士站起来，脱下黑色长款外套，摘下墨镜，登上讲台。我后退几步，给她让出位置。她开始分享自己的故事，声音低沉而坚定，时不时跟大家做眼神交流。

“我有两个儿子。二儿子亚当三年前死于脑癌，当时才六岁。大儿子泰勒是六个月前去世的，当时十七岁。有很长一段时间，我不知道自己为什么还要活着，为什么不随他们一起去。我来上课原本是想惩罚自己——听听这位育儿专家怎么说，证明我是个多么糟糕的母亲，但这几周以来……我也说不好……我开始意识到其实没有糟糕的父母。所有父母都根据自己的成熟程度尽力而为了，所以没必要批评自己，也没必要批评我们的父母。”说最后几个字的时候，她直视着马先生。

“孩子真的会帮我们成长，”她接着说，“他们会教导我们——只要我们愿意向他们学习。我的小亚当……他刚出生的时候，我得了产后抑郁症，他教会了我该怎么活。他被查出脑癌后，教会了我该怎么给予。第二年他去世后，又教会了我该怎么去爱。一年后，泰勒刚满十五岁就得了抑郁症，我这辈子从来没觉得那么无助。就算亚当得了癌症，我也觉得能设法让他过得舒服些，他对我的努力也有回应。他是个快乐的孩子，特别爱笑。可泰勒……他掉进了深渊，我根本够不着他。从他出生的那一刻起，我和丈夫就把所有希望全寄托在了他身上。他是我们的明星！他要成为学校里最聪明、最有运动才能、最有音乐天赋、最受欢迎的男生，其他父母都会羡慕他赢得的奖项和荣誉。我和丈夫特别卖力工作，为他的教育和课外活动提供经济支持。我会开车送他去所有地方！钢琴、游泳、篮球、滑雪、科学和数学补习班……开车送他的路上，我会赞美他的出色表现，提醒他是多么优秀的儿子。

“我没意识到我们给了他多大的压力。他从来不抱怨，总在家里帮忙，他真的很爱弟弟。亚当去世后，他当然很伤心。但六个月后，他似乎恢复了原本积极向上的样子。他父亲抑制住自己的悲痛，更努力地给大儿子一切最好的东西。可是后来……泰勒失去了动力，原本美好的光环渐渐黯淡。当然，我和丈夫责怪彼此。虽然我们为了泰勒决定维持婚姻，但在只有我们两人相处的时候，我丈夫再也不跟我说话了，而我……我跟朋友的丈夫有了外遇。”我发现已经超时三十分钟了，但似乎没人打算离开。

“突然之间，我儿子恢复了老样子，变得开朗、体贴、热心，也跟朋友们出去玩了。经过生命中最黑暗的两年时光，这个转变让我和丈夫都松了一口气，也开始说话了。我们花了两周时间修补关系，回到了过去的模式，支持我们的明星继续闪耀。某天晚上吃饭的时候，泰勒告诉我们，他决定了要上哪所大学，决定主修物理和化学。我们就像终于变回了一家人。但那天深夜，他从我们家的屋顶上跳了下去。”三十秒内，屋里所有人，包括我在内，都掏出纸巾开始抹眼泪。敏贞站起来，上前拥抱帕特丽夏。两人搂在一起，无法抑制地抽泣。大约五分钟后，帕特丽夏谢过敏贞，站在大家前方，脸上挂着一丝疲惫的微笑。

“就像我说的，我来这里是为了惩罚自己，然后结束自己的生命。但上周一切都变了，因为发生了两件事。首先是‘看见’的练习。虽然我的两个儿子都去世了，但我还是练习了老师布置的每项任务，在脑海中想象我的孩子们。上周，我真的看见了孩子们，认清了他们的真面目！他们跟我一样，而且……”她似乎在寻找恰当的字眼，但突然垂下了肩膀，叹了口气，“算了，没法用语言描述。”她暂停片刻，看着大家，然后接着说。

“第二件事是意识到我为什么还在这里，为什么还没有自杀。是为了你们！我的存在可以提醒你们继续成长。没人能保证还能看见明天的太阳——包括你们的孩子！重视他们，看见他们，让他们成为你们继续成长的动力，学习接纳、觉察和赞赏。让我来激励你们永不放弃。继续前进……一直向前进，因为这段旅程没有尽头，就连死亡也不是终点。”

第十三章 寻求帮助

快到七点半了，“十分钟奇迹”课程的最后一堂课即将开始。大家已经就座，准备好了上课。主要是因为大家都提前来了，想聊聊上一周的课后任务。这是自发的，没有人安排，甚至没有人提议，就这么自然而然地发生了，过去四个周二都是这样。除此之外，他们还建了一个每周在线聊天群，分享做当前任务的进展或挫败感。

帕特丽夏加入后，他们决定组建三人小组——三名学员每周至少联络一次。这对像贾马尔和梅薇斯这样的学员尤其有帮助，因为他们几个月后要回肯尼亚了。对马先生和怡茗来说也是，因为他们很多时间都待在家乡北京（虽说把一座拥有两千多万人口的大城市称为“乡”还是需要一点想象力的）。

我内心的感觉苦乐参半。课程接近尾声的时候，我通常都会这样。我很遗憾要跟大家说再见了，但也很感激学员们付出的真诚努力，感激他们的意愿和决心。他们愿意超越传统思维的限制，超越自己固有的育儿观念。我发现，课程开始时的每位学员都坚持到了最后——这是我职业生涯中的头一次！

“这是我们最后一周上课了，但这不是‘十分钟奇迹’课程的终结。现在，你们都知道课后任务是怎么回事了。我会给每个人发一本小册子，里面有更多可以做的练习。有些很简单，不过——”

“您是说，比我们的第一个练习——观察孩子还简单？”布拉德问，“那真是太没劲了——简直不敢相信，您竟然把那个当课后任务。”

“对，那个练习是很基础，”我承认，“但每个任务至少包含一项为人父母的重要特质。观察孩子包含了……”我走向白板，在上面写下：

给予

情感连接

看见

“你给了孩子时间，跟他们建立情感连接，虽然他们可能没有觉察。你有机会透过熟悉的外表和行为，看见他们的真面目。其他的课后任务则包含了其他的特质。当你把这些特质结合起来，就拥有了成为智慧型父母、走向情绪成熟的条件。”我继续写道：

鼓励

接纳

觉察

赞赏

自律

信任

耐心

“还需要我继续写下去吗？我的胳膊都酸了。”

“不用了，我大概明白了，大夫，”布拉德向我保证，然后接着说，“课程刚开始的时候，您提到了‘千里之行始于一小步’。您知道的，我是个不成功便成仁的家伙，不过——”

“对，通常都是‘成仁’！”珍妮特调侃他。

布拉德说：“你知道不？在有些国家，女人打断老公说话是要挨揍的。”

珍妮特说：“我这就给你收拾行李——你明天就可以搬到那些国家去。”

“我想说的是，”布拉德接着说，“大夫，我真的很惊讶，那个关于旅程的比喻真是太贴切了。刚开始我不太信任这门课，因为我觉得练习有点无聊，还有点……我也说不好……有点琐碎。我想马上知道全部内容，马上看到全局，立刻有所收获。可现在……”他耸了耸肩，“我还是没看到全局，可是，天哪！我跟孩子们的关系好多了！”

“我们家也一样，”梅薇斯表示赞同，“两个孩子还是‘台风双胞胎’，但平静的时候多多了。我们可以坐下来聊天，就算意见不统一也能沟通了——当然，是在冲彼此大吼大叫十分钟以后。但现在，那不光是吼叫、摔门加冷战，我可以向孩子们道歉，不会觉得是软弱。贾马尔也更有精力跟他们一起玩了！”

“老师，真是很感谢您，”马先生说，“现在我跟儿子就像朋友一样，不过他还是很尊重我这个做爸爸的。事实上，我觉得他现在更尊重我了！真希望我对我父亲也能有这种感觉。谢谢您。”

“我得承认，”基斯有点难为情地说，“贝伦现在越来越讨我喜欢了。”

“是什么改变了你们的关系？”我问。

“我想是我承认不爱他，甚至不喜欢他。我意识到，我不喜欢他的地方，其实正是不喜欢自己的地方！他总让我想起自己——我讨厌自己的地方。我意识到，他给了我机会，让我……我也说不好……让我跟自己达成和解，帮我摆脱对自己的厌恶。”

“短短几周，这是巨大的转变。”我佩服地说。

“还有，”安妮补了一句，“我两周不肯跟他上床。”

“啊！这有助于加速改变。”贾马尔表示。

类似的分享继续进行，每个学员都展示了这三个月来自己的成长。没有关于孩子的重大新闻或吹嘘，大家都主要关注自己——自己学到的东西，或是自己的成长。最后，终于轮到帕特丽夏了。她不再穿黑色长款外套，也不再戴墨镜，但还是表示不想发言。大家纷纷恳求，直到她终于答应说说。

“呃，我现在还活着，这本身就是个奇迹。我和丈夫已经不在一起了，他仍然为儿子的死责怪我。有时候我也会自责，为什么事先没能看见征兆，没能给他适当的帮助。所以，我还走在这段黑暗的漫长旅程中，一次只迈一小步。不过，我从这门课里得到了一份美好的礼物。”她没有继续往下说。大家都很好奇那份礼物是什么，最先提出猜测的是珍妮特。

“是希望吗？”

“比希望好多了，”帕特丽夏回答，微微一笑，“希望只是包装精美的恐惧。不是希望，那份礼物是接纳。”

“噢，听起来很有希望！”布拉德发表评论，逗得帕特丽夏哈哈大笑。听见这悦耳的笑声，大家纷纷鼓起掌来。

亲爱的读者，这门课对你有帮助吗？如果有的话，你随时可以从头做练习，从第一项练习做起。每次做完练习，你的体验、理解和觉察都会加深一步。

“看起来是时候给这门课画上句号了，”我说，“我要给你们布置最后一项课后任务。你们可以像往常一样提出疑问，然后就可以回家了。听起来怎么样？”

“我怀疑这不是个好主意。”布拉德开了个玩笑。珍妮特用笔戳了戳他的侧肋。“哎哟，好疼！嘿，我只是反应太快了一点嘛。”

练习十三

寻求帮助

“这个练习旨在鼓励协作式的亲子关系。告诉孩子去做什么，跟寻求孩子的协作，两者有很大的差别。”等布拉德夫妇安静下来以后，我才开口说道，“我长大的过程中，家里每个人都被安排了做家务。每隔一天晚上，我和哥哥就得在晚饭后收拾桌子加洗碗。隔天则是我两个姐姐收拾洗碗。我每个月要帮全家洗一次衣服，每个孩子得保持卧室干净整洁。我父母秉持平等原则，家务通常不分男女，每个人分到的量一样多，大家都得做家务。这里的关键词是‘必须’。

“某年夏天，我母亲用简单的一句话改变了全套安排：‘早点起床，我们一起打扫屋子，然后你们就可以出去玩了！’不是‘你们必须打扫屋子’，而是‘我们一起打扫屋子’！那简简单单的一句话（加上可以玩上一整天的承诺）改变了我对做家务的态度。家务不再是我讨厌的责任，而是可以跟母亲和哥哥姐姐协作、成为团队一分子的好机会。我们不再被逼着执行命令，而是给别人帮忙。那是非常美好的体验。不幸的是，那天晚上我还得洗碗。

“不过，第二天早上，我们又兴奋地开始了团队协作。这种情况持续了整个夏天：上午是协作帮忙，晚上是服从命令。我发现，帮忙和协作让我有了归属感，觉得自己很重要，服从命令则让我觉得自己不那么重要。我觉得，如果父母告诉我，做家务是为家庭服务，我的贡献非常重要，而不是说‘叫你做你就做’，我会更受鼓舞。

“寻求协作（协作式育儿）和要求盲目服从（专制式育儿）有很大差别，但两者没有对错之分。一种方式压力较小，大家都更愉快，能实现更深层的赞赏、情绪成熟和智慧型育儿，另一种方式则会导致惯性模式，通常都毫无效果，无法令人满意。

“我想应该很明显吧？要求孩子服从、尊重也许能达到你想要的结果，但也可能切断你跟孩子之间的情感连接。如果孩子不理解你命令的目的，或是被当成下属而不是受重视的子女，就可能导致埋怨、试图抄近道，或是不好好完成任务。

“因此，本周的任务是向孩子求助。这类似于之前请孩子教你东西的练习，但这次的练习要包含体力活。想想家里有什么东西需要修理，或者你有什么体力上的难题，请孩子帮你完成。就算孩子只有两三岁，你也可以请他们帮你拿东西或捡东西。做完练习后，抽点时间想一想，如果你只是命令他们去做，结果会怎么样。”我按下遥控器，屏幕上出现了以下文字：

比较一下：

1. 把垃圾拿出去

2. 屋里的垃圾越来越多了，我帮你一起收拾，你把它们拿出去，怎么样？

3. 你能帮我个忙，把垃圾拿出去吗？

1. 把你的玩具捡起来

2. 瞧瞧咱俩能把屋子收拾得多干净！

3. 先收拾好这间屋子，我们再去看电影。你想怎么做？

“当然，”我接着往下说，“如果你早就给孩子安排了倒垃圾或捡玩具的家务活，这些例子就不适用了，因为你已经让他们承担起了这些方面的责任。但看看这些例子，你马上就能看出两种方式的差别。一种是命令，另外两种更像是邀请。一种需要服从，另外两种则是跟父母协作的机会。”

“可孩子需要学会服从！”怡茗一口咬定。

“当心哦，”布拉德发出警告，“他又要开始讲兔子和莴苣的故事了！”

“如果你觉得强制服从有必要，那也行，”我回答，“但当然不是所有情况都必须这样。给孩子提供机会，让他们自由行动，产生想帮忙的欲望，培养协作的心态，能让孩子觉得自己很重要。这个练习之所以重要，是因为你向孩子求助的时候，就给了他们拒绝的自由，或是可以延后到他们觉得方便的时间。不一定得是大事。比如，如果你有个三岁的女儿，就可以在换灯泡的时候请她扶椅子。当然，你并不需要她真的扶住椅子腿，但重点是跟她协作共事。注意观察孩子的反应。你会发现，在类似的情况下建立情感连接，对孩子来说有多重要，对你来说又有多重要！”

“我不太明白这个练习有什么意义，”贾马尔插了一句，“我需要的时候都会找孩子帮忙。”

“你从他们那里得到了什么回应？”

“每次都不一样。有时候他们看起来很抗拒，不开心——就像我要送他们去坐牢似的。有时候他们会找借口不帮忙，有时候则痛快帮忙。但他们总会照我说的去做。”

“我的儿子就不会！”素仙大声说，“他只是把自己反锁在房间里，打开音响，冲我大吼，说他很忙。哪怕我只是要他帮我开个罐头。”

“你们的父母会时不时请你们帮忙吗？”我问贾马尔和素仙，“我说的是请求，”我强调了一句，“不是命令，也不是暗示你没有别的选择。”

“我不记得有过。”贾马尔答道。

“他们为什么要请求？”素仙嗤之以鼻，“我是他们的女儿。他们随时都指望我服从命令。事实上，他们指望我主动帮忙，最好不用他们说。如果我不帮，就会受罚。”

“有时候我母亲会请我帮忙，看起来并不要求我必须答应，”海元插话，“我父亲偶尔也会这样，但一般来说，我想他们知道，如果给我选择的话，我通常都会拒绝。我小时候只想着玩，青少年时期只想一个人待着。”

“也许是因为你从来不觉得自己参与了决策，”我说，“就这个任务来说，找孩子本来就感兴趣的事会容易些。请他们帮你一起做。需要讨论怎么达成目标的体力活是最理想的。你需要跟孩子沟通，尊重孩子的意见，跟孩子协作完成。最好不要一开始就求助，可以在十五分钟或一个小时后，再告诉他们，你会很感激他们的协助。你们懂的，循序渐进，慢慢来。”我话音刚落，大家就纷纷提出质疑。

“听起来好难，我不知道五岁小孩能帮我做什么。”

“我觉得我永远不会请女儿帮忙做事。”

“我知道我儿子会找借口——那家伙总能找出一大堆借口……”

“我们有女佣帮忙。”

“找孩子帮忙比我自己做慢多了。”

“我讨厌请孩子帮忙。他们会给我脸色看，抱怨说他们太忙了……或者太累了！”

“像这样结束这门课真是太棒了！”我微笑着说，“就像这门课刚开始的时候一样！大家尽力而为就好。你们可能会为自己的创意而惊讶，还会惊讶地发现，跟孩子分享真正的计划是多么有趣的事。我有许多美好的回忆，其中之一就是我决定盖个阳台，说服了儿子来给我和太太帮忙。我提前一周就给他做了心理建设，每天都提醒他，我们很快就会需要他帮忙了。呃，主要是用电钻，把螺丝钻进木头里。我真的很喜欢他的陪伴，虽然我们几乎没说一句话。最棒的是，第二天他主动说要继续帮忙。

“我小时候很讨厌必须做家务，所以暗暗下定决心，只让孩子玩，不让他们做事。但我很快就发现，做家务和帮助父母对孩子的成长影响深远，能让孩子和父母有机会建立有意义的情感连接。帮助父母和做家务给孩子上了重要的一课，这是他们从学校和作业里学不到的。更重要的是，这能让父母离开舒适区，尤其是那些讨厌向孩子求助、习惯命令而不是商讨的父母。”

作为工作坊导师，我在职业生涯中一直有个难题，那就是找出恰当的词语跟学员道别。于是，我静静等待恰当的词语浮现。大约十五秒后，我等的东西出现了。

“显然，下周我们不会回来分享这项课后任务的体验，但这门课给了你们比每周二来上课更重要的东西——你们有了彼此。如果你们中的某个人在养育孩子的过程中觉得受挫，不妨问问自己：‘此时此刻，有谁可能比我更受挫？’直觉会让你脑海中浮出一个名字或一张脸。去找那个人聊聊，关注他们，支持他们。这有助于你们双方都向前迈进，继续前进……走得更远。”最后四个字我是对帕特丽夏说的。我对她露出了赞赏的微笑，然后转身对全体学员说。

“我要感谢你们对孩子尽心尽力，对自己暗下决心。当你们想要放纵自己，沉浸在愤怒和焦虑之中的时候，记住有谁在跟随你，仰望你，把你当成榜样。

“爸爸，恋爱的时候我该怎么跟对方沟通？妈妈，我该怎么化解争端？

“妈妈，在生活中遭遇失败的时候，我该怎么办？

“爸爸，在感觉特别受挫的时候，我该怎么办？

“爸爸，妈妈，当我想要放弃的时候，该怎么继续坚持下去？

“做给我看吧！别只是说给我听、给我建议、对我说教！做给我看吧！”

第二部分

PART TWO

练习

第二部分详细说明了为期三个月的课程中的所有练习，按照特定的顺序排列，因为每个练习都以前一个练习为基础。不过，请按照最适合自己的顺序练习。开始练习之前，请注意下列事项：

1. 虽然本课程定为每周一个练习，但这不是硬性规定。每个人都可以按照自己的方式，自由学习和成长。不过，建议你每天不要做超过一个练习，这样才有时间吸取每个练习的益处。
2. 希望你在能记住的时候，尽量按照我们建议的方式做练习。这样，它们才能成为你养育孩子时的自然习惯。
3. 人的本性决定了，改变惯性行为可能要花四个月到一年时间。因此，决心和耐心是父母成长必不可少的条件。这就意味着，完成第一轮十三项任务后，有可能需要再做一轮。
4. 不要指望伴侣跟你一起完成整个课程，也不要指望伴侣按你选择的方式养育孩子。虽然父母双方协调一致通常能让育儿过程更顺畅，但只要你能接受伴侣有自己的天性和观念，还是能创造和谐的家庭氛围的。如果你不接受伴侣选择的方式，面临的可能是亲密关系问题，而不仅仅是育儿问题。

情感连接的重要性

在本书的前半部分和这一部分，你会发现文中不断提及情感连接的重要性。对情感连接的需求几乎是每个人的首要需求，在孩子的生活中体现得尤为明显。你能对孩子施加的最严厉的惩罚，就是故意冷落他们。这个做法有双重效果：首先，你切断了亲子之间的纽带，这种纽带对孩子的心理和情绪发展极为重要；其次，你也给孩子传递了一则信息——他们对你不重要。情感连接对孩子和父母同样重要，但常常被惩罚孩子的父母所忽略。

在人的一生中，对情感连接的需求至关重要。例如，一个人生命中最大的压力来源，就包括亲人去世、离异、友谊终结、失业、迁往新城市或新国家。在以上例子中，核心都是与重要的某人或某事切断联系。约翰·哈里（Johann Hari）在《失去联系》（*Lost Connections*）一书中就提到，人类抑郁症的九项真正原因都与切断情感连接有关。

本书的练习旨在帮助父母修复与子女长期中断的情感连接，同时更好地维系每个家庭都想拥有的现存情感纽带。

练习一

观察孩子

父母能留给孩子的最好的财富，就是每天留出几分钟时间。

——M. 格伦德勒（M. Grundler），作家

练习目的

1. 与孩子建立更深层的情感连接。
2. 开始在生活中创造更多空间，帮助你作为父母和个人得到成长。
3. 渐渐觉察孩子身上你从前没注意过的特质。

具体说明

每天花十分钟观察孩子。单纯地看着他们，仿佛他们是陌生人，你只是对他们感到好奇。观察他们的性格、言谈举止、跟你和其他人的沟通方式，不要太明显。注意有没有哪些细微的个性、特质、态度或行为是你从前没有注意到的。有意识地加深对孩子的了解。做这个练习的时候，最好不要跟孩子说话，只是尽可能观察和倾听。

不用一次做满十分钟。事实上，对某些父母来说，在不同情况下有

间断地观察孩子，效果会更好。

关注要点

1. 感情联系对孩子和父母都极为重要。

2. 选择你几乎不会注意孩子的时间。在他们学习、吃东西、跟朋友玩的时候从旁窥视。

3. 在他们似乎什么也没做，比如盯着手机或玩电子游戏的时候，观察他们。

4. 观察孩子的时候，问问自己："有哪些地方是我以前从来没有注意过的？"

5. 如果孩子的某些态度或行为惹你讨厌，请加倍注意，看看这是不是让你联想到了自己。或者问问自己："究竟是什么地方让我讨厌？"

6. 请注意，虽然这些练习被定为每次练一周，但你也可以练一两天，或者练到满意为止。

练习难点

难点：孩子上的是寄宿制学校，或者跟父母中的另一位同住，或者一周大部分时间都不在家。

回应：如果可能的话，找一张孩子的照片，每次花几分钟盯着看。看看你会不会每天发现孩子的一项新特质。

难点：我有不止一个孩子。

回应：每天只关注一个孩子，或者把时间平均分配给每个孩子。

难点：我常常忘记做练习，或者觉得抽不出时间做练习。

回应：根据每个人不同的情况，尽力而为就好。父母通常肩负着其他责任义务，但花时间跟孩子建立情感连接，在眼下和将来都会大有益处。如果你只能抽出几分钟，那就充分利用起来。

难点：孩子的做法会惹我发火，我很难只观察不回应。

回应：请查阅本书的附录，学习识别孩子源于受挫的行为，做完这个练习后再努力应对。

思考要点

育儿是百分之五的管教，百分之九十五的父母引导和鼓励。高效育儿是百分之百的情感连接。

像所有人一样，父母的做法也取决于情绪成熟度。

为人父母是世上最难的工作，因为你要为另一个人的身体、情绪和心智发展负责。

练习二
倾听孩子

孩子需要的不是好好被说教，而是好好被聆听。

——罗伯特·布罗（Robert Brault），美国自由撰稿人

练习目的

1. 加深与孩子的情感连接，修复可能已经存在一段时间的情感连接中断。

2. 跟孩子沟通时采用新方法，打破无效的旧沟通模式。

3. 加深对自己和孩子的了解。

具体说明

跟孩子聊天，百分之九十到百分之九十五的时间都认真倾听。对孩子感兴趣，问他们这一天过得怎么样、遇上了什么有趣的事、面临的最大挑战是什么等等。当你想打断孩子、聊自己的事、提建议或提出批评时，请及时意识到。不要回到习惯的做法，只要继续倾听。

当然，你需要根据孩子的年龄或性格调整谈话内容。

关注要点

1. 提问时避免问“为什么”。“为什么”常常会引起防御反应。例如，不要说“你为什么这么做”，而要好奇地问“你觉得是什么促使你这么做的”。

2. 确保自己多听少说的小技巧：卷起舌头，顶住上颌。

3. 倾听是个充满创意的过程，包括通过提问让孩子敞开心扉，鼓励亲子之间的信任关系。

4. 这个练习需要你对孩子说的一切持开放态度。

5. 再次提醒，十分钟只是指导原则。即使只练习倾听三分钟，父母也能学到很多东西。

6. 如果你感到失望或受挫，请回想这个练习的目标，记住这个练习完全是为了你好。

练习难点

难点：我的孩子太小，没法跟他对话。

回应：只要孩子会说话，你就可以倾听。学习真正倾听孩子，永远都不嫌早。

难点：我的孩子整晚都把自己关在卧室里。

回应：抓住能跟孩子接触的机会。可以简单地问一句：“你今天过得还好吗？”只要语气真的感兴趣，就会有效果。别忘了这个练习是为了谁，也别忘了练习的目的。

难点：我的孩子什么也不说，根本没法沟通。

回应：注意他们的肢体语言，看看能不能弄清他们传递的信息。双方都陷入沉默时，注意你的感受。请参考本书的附录，注意源于受挫的行为有哪些标志。

难点：我一提问孩子就发火。

回应：

（1）想一想你提问的动机：你是真的好奇，还是想从他们那里得到你需要的东西？你的问题里是不是暗藏批评、否定或不受欢迎的建议？

（2）在孩子面前保持沉默，可以创造出一个空间。只要他们准备好了沟通，就可以轻松进入这个空间。当然，关键在于练习沉默时保持耐心。

（3）只要你保持真诚，记住这个练习是为了你，付出的努力最终都会有所回报。

难点：我们的文化里没有“父母倾听孩子”这个说法。

回应：情感连接是所有孩子（乃至成年人）共同的需求。如果孩子觉得没人听自己说话，就会感觉自己没那么重要，亲子纽带也会出现裂痕。情感连接中断会导致误解、叛逆、权力斗争加剧，还会导致疏离感加深。

难点：我太忙了。

回应：为了弄清什么才是最重要的，你可能需要问问自己：

（1）有什么比成为智慧型父母更重要？

（2）有什么比跟孩子建立支持性的健康情感连接更重要？

（3）为了每天抽出时间做这个练习，我可以牺牲做其他哪件事的十分钟？

思考要点

如果父母和孩子被困在了恶性循环的沟通模式中，父母先摆脱了那种模式，孩子也能有机会重获自由。

倾听不光是让言语和声音进入耳朵，而且是通过理解和欣赏对方说的话，创造出一种情感连接。

练习三

赞赏孩子

孩子约束着我们。他们的笑声让我们不至于变得铁石心肠，他们的梦想让我们不至于失去改善世界的动力。孩子是人类最优秀的纠察员。

——约旦王后拉尼亚（Queen Rania of Jordan）

练习目的

1. 认识到赞赏孩子能强化对自己的欣赏。
2. 增进亲子关系中的爱意、惊叹和感恩之情。
3. 支持并鼓励孩子看见自己的天赋和特质。

具体说明

每天花一点时间赞赏孩子的一项特质。下面有一张“基本特质”清单，清单上是每个孩子与生俱来的奇妙天赋，也是你孩子的基本天性。在形成自我和个性之前，你的孩子是纯粹的存在，也就是存在于人类形态中的“本质”。这种本质拥有数不清的天赋和才华，以潜能的形式存在。孩子一生中会意识到并展现出其中许多潜能。

本质天赋

（才华和特质）

慷慨	细心	睿智
天生沟通家	幽默	运动细胞
善良	给人启迪	艺术天赋
同理心	领导能力	意志坚定
远见	耐心	热情
好奇	信任	激情
活力	有趣	冒险精神
创意	天生咨询师	科学天赋
哲学思维	教导能力	理解能力
引导能力	心态开放	音乐 / 歌唱天赋
和谐	头脑清醒	鼓舞人心
设计能力	手巧	舞蹈天赋
优雅	其他 __________	

先浏览上述清单，看看能不能认出你孩子的某种天赋、才华或特质。然后，想象孩子站在你面前，用恰当的词语给下列句子填空：

1. 我欣赏你 ________ 的天赋（或才华、特质）。

2. 我看见你在 ________ 的时候表现出来了。

将以上两步重复若干次。当你表达赞赏的时候，请注意自己内心的感受。然后，去找你的孩子，表达对他 / 她某方面的赞赏。

关注要点

1. 避免试图从孩子那里得到回应。请记住，这个练习是为你而做的。此外，对于你这种超乎寻常的做法，孩子可能会不知该做何反应。

2. 如果你从来没有这么做过，最好一天只表达对一项特质的赞赏。

3. 不过，如果你的孩子还很小，这会是道晚安的好方法。在孩子入睡前说出你欣赏他 / 她的美好特质。这么做不是用赞美操纵孩子，而是真心感谢孩子丰富了你的生命。

练习难点

难点：我更习惯批评孩子，或是纠正他们犯的错误。

回应：

（1）过度批评会在家里造成不健康的压力。如果想营造更和谐的家庭环境，培养孩子的学习能力和自信成长，赞赏是一大基本要素。

（2）我们批评孩子的时候，可能会发现自己也不开心。找机会对孩子表达真诚的赞赏，这能揭示我们自己内心的幸福感。我们会发现，对孩子表达的感受会强化自己开心或不开心的体验。

难点：我担心对孩子说太多好话，他们会变得自大。

回应：赞美可能会鼓励自大，但真正认可和欣赏孩子的基本特质会培养他们的自信，而不是自大。尤其是轻松随意地表达赞赏，而不是把孩子夸成是天上有地下无。最后，这个练习对你的帮助会超乎你的想象。

思考要点

赞赏对接受者和施与者都有好处，能唤醒双方的美好本质。

练习四

做游戏

只用功不玩耍，聪明孩子也变傻。

——俗语

练习目的

1. 引入即兴活动，打破你和孩子的固有互动模式。
2. 启迪你和孩子的创意天赋。
3. 增加生活中的乐趣和幽默，有助于释放压力。

具体说明

本周的练习虽然简单，但需要你发挥创意。你需要想一个小游戏，跟孩子一起玩。不用是早已存在的特定游戏，最好是轻松即兴的。首先，你可以想一想自己小时候玩过的游戏，介绍给你的孩子。可以是拍手游戏，也可以是“纸篮球”，就是轮流把纸团扔进垃圾桶。也可以是文字或算术游戏。跟孩子一起玩，展现出你有趣的一面，看看结果会怎么样。

关注要点

1. 看看你能不能想出一个符合孩子个性的游戏。如果他们喜欢数学，那就想一个数学游戏。如果他们爱运动，那就想一个需要体力活动的游戏。

2. 游戏可以很简短，只需要一到五分钟。如果你和孩子都玩得开心，游戏时间也可以延长一些，甚至可以延长到好几天。

3. 不要对结果抱有期待，这会增加练习的乐趣。

4. 跟孩子一起玩通常会让他们更容易安静下来念书。

5. 如果你跟孩子已经有类似的互动，不妨做下一个练习。也可以重做你不满意的练习。

6. 我会跟女儿拿出桌游来玩，边玩边增加新规则，让游戏变得更复杂、更刺激。新奇感是维系和增进感情的关键要素。

练习难点

难点：我的孩子不想跟我玩游戏。

回应：也许你可以表现得有趣些，委婉地引诱他们玩时间很短的小游戏。即使他们不愿意跟你一起玩，你也达成了练习的目的，那就是为了你自己好！

难点：我对游戏不感兴趣。

回应：如果你对游戏不感兴趣，但清楚这个练习的好处，不妨考虑请亲朋好友提提建议。如果你看不出这个练习有什么好处，那最好还是做下一个练习吧。

难点：我不希望孩子分心，不好好念书。

回应：我建议你试试这个练习，因为它对你和孩子都有好处。游戏能刺激大脑，尤其是心智、情绪和身体全都调动起来的时候。

难点：我会觉得尴尬——我的孩子已经大了，不适合再跟我玩游戏了。

回应：首先，没有谁会大到不适合玩游戏。其次，这个练习旨在帮父母克服跟孩子相处时的尴尬。幽默和玩乐可以打破隔阂，强化情感连接。

思考要点

我们不再玩耍，不是因为老了；正是因为不再玩耍，我们才老了。

——萧伯纳（George Bernard Shaw），爱尔兰剧作家

玩耍的反义词不是工作，而是抑郁。

——布赖恩·萨顿－史密斯（Brian Sutton-Smith），游戏心理学家

乐趣是企业走向成功最重要也最被低估的要素。如果你觉得没趣，那就停下，去做别的事。

——理查德·布兰森（Richard Branson），英国维珍集团创始人

难得胡闹，智者所好。

——佚名

乐满家中，生活轻松。

——佚名

练习五
暂停

若想战胜生活的焦虑，便活在当下，活在呼吸中。

——阿米特·雷（Amit Ray），印度灵修大师

练习目的

1. 让你有机会减压，释放日常在体内累积的压力。

2. 打破愤怒的反应模式，让你有机会在应对艰难处境前平静下来。

具体说明

现在，你已经在生活中创造了一个空间，专注于作为父母和个人的成长。这个练习需要你每天抽出十分钟，完全留给自己。找一个能独处不受打扰的地方（最好是在家里）。坐下来，有意识地放松。由于你会不自觉地在体内积累压力，身体可能已经长时间处于紧张或防御状态，这导致你容易对孩子的恼人行为或问题反应过度。你可以采取以下步骤，有意识地释放压力。

1. 轻松吸气，不要吸得太深。只要轻轻吸气，深浅随意。

2. 从脚趾开始，觉察到可能存在的紧张。有意识地稍稍放松，释放紧张，感觉压力渐渐消失。

3. 慢慢从脚往上移动，关注肌肉和关节，有意识地放松，释放可能存在的紧张和不适感。

4. 注意观察自己的躯干，这里容易积累大量压力。

5. 继续向上扫描，直到头顶，尤其关注肩膀和下颌。放松下来，释放这些地方可能存在的紧张。

6. 完成全身扫描后，利用剩下的时间观察自己轻松地吸气呼气。

关注要点

1. 你背负的压力越少，就越能清醒平静地回应育儿过程中面对的挑战。

2. 最好在自己家里练习暂停，因为你通常会在家里通过发火来发泄压力。

3. 最好坐在椅子上，因为前面提到的放松步骤很容易让人睡着。小睡一会儿没关系，但你醒来后体内可能仍然储存着压力。

4. 这个练习还有另外一种做法：放松下来以后，你可以找到体内储存情绪压力的部位（通常是在胃部或胃部下方），每次吐气时有意识地放松。你也可以想象压力可能发出的声音，吐气时轻轻模拟那个声音。

5. 带指导语的冥想录音带也会有所帮助。

6. 与孩子互动，尤其是发生冲突时，注意你眼睛、下颌、肩膀处感受到的压力，有意识地放松这些部位。注意当你放松后，跟孩子的互动是不是会有所不同。

7. 每当你觉察到怒气上升，立刻暂停，慢慢释放怒气，放松下来。

练习难点

难点：我很忙，觉得没法每天暂停十分钟。

回应：“我没时间”是最容易给人造成压力的一句话。你很容易说服自己，你没有时间做这个练习，却没有觉察到，正是类似的想法导致了压力，这种压力控制了你的身体、态度和行为。

不过，如果你真的没法每天抽出十分钟有意识地放松，能不能抽出八分钟？五分钟？一分钟？三十秒？如果你只能留给自己三十秒，那就用这段时间专注于自己的眼睛、肩膀和下颌。注意你的眼睛是不是绷得很紧，似乎在向外凸出。注意你有没有耸肩，有没有绷紧下颌。让你的眼睛放松下来，缩回眼眶。让你的肩膀自然下垂，下颌放松。

难点：我怕我会忘记做这个练习。

回应：别只在冰箱上贴张便条，那个地方常常被人忽略。要贴在对你来说很不方便的地方，比如镜子正中央。别只是提醒你练习暂停，不妨这么写：“为了孩子，我想成为什么样的父母？”

难点：我总是在自己意识到之前就发火了，这个时候再暂停就太迟了。

回应：控制愤怒的过程可能要花很多年，但练习暂停是缩短这个过程的好工具。以下是一些有益的步骤：

1. 每天给自己留出十分钟，练习放松。

2. 开始觉察怒气在控制我们，决定不再做怒气的奴隶。

3. 发怒后，决定退回安静的空间，练习暂停来释放残留的怒气，让自己进入平静（或者至少是放松）的状态。

4. 到某个时候，我们能觉察到怒气爆发，迫使自己停下来，练习暂停。

5. 我们能更迅速地觉察怒气，在发作前选择暂停。

6. 有朝一日，我们会发现自己几乎不再生气，能够更平静、更清醒地面对问题和挑战。

当然，这个过程不是一条单行线，我们会常常退回愤怒状态。但我们会成长，同时也为孩子开辟道路。这么一来，当他们想要控制自己的怒气时，就不用像我们一样从头开始了。

思考要点

我们都需要暂时离开，寻求平静；别人也需要享受没我们碍事的平静！

——阿姜·布拉姆（Ajahn Brahm），西澳洲觉智寺住持及西澳洲佛学会心灵导师

一无所求真是一身轻松。

——马蒂·鲁宾（Marty Rubin），记者兼作家

工作时有计划很重要，但更重要的是休息、放松、照顾自己、睡眠都有计划。

——阿基拉克 · 布罗斯特（Akiroq Brost），人类潜能励志作家

放松的秘诀就是两个字：放下！

——达达 · J.P. 瓦斯瓦尼（Dada J. P. Vaswani），非宗派精神领袖

练习六

让孩子教你

我们试图教孩子如何生活，其实是孩子在教我们如何生活。

——安杰拉·施温特（Angela Schwindt），

在家教育孩子的母亲，独轮车社团指导员

练习目的

1. 打破固有的沟通模式，创造亲子之间的平等感。

2. 帮助你认清孩子的天赋。

3. 增进你对孩子的信心，承认他们的重要性，进而鼓励他们。

具体说明

请孩子教你一些东西。也许你可以请他们教你用电脑，或是让他们教你从学校学的东西。例如，我儿子参加辩论俱乐部的时候，我就请他教我辩论的规则。我学到了很多沟通的知识，这也有助于我意识到儿子有多聪明。无论具体内容是什么，你都创造了与孩子接触的机会，让他们觉得自己很重要。

关注要点

1. 如果你的孩子对某个学科感兴趣，这个练习会对你更有助益，因为你可以帮助孩子加深对该学科的理解。教导会将记忆转化为知识。

2. 连很小的孩子也能教你东西。绑鞋带或搭积木时假装搞不懂，让三四岁的幼儿有机会做你的老师！

3. 你的全然专注是这个练习的关键。

练习难点

难点：我想维护自己的权威，让孩子教我东西可能会导致他们不尊重我。

回应：

（1）这个练习能让亲子关系更密切。关系密切会为相互尊重打下基础。

（2）最受尊重的权威人士不怕向别人学习，无论对方年纪多大。

思考要点

作为父母，不要要求孩子尊重你。你可以要求孩子讲礼貌、为人诚实，但尊重必须是赢得的——这对孩子和成人都一样。

——威廉 · 爱特伍德（William Attwood），

美国作家、编辑、外交家

孩子需要你的陪伴，而不是你的礼物。

——杰西 · 杰克逊（Jesse Jackson），黑人民权领袖、演说家

如果孩子得到了爱，就会充满爱心……如果他在需要帮助时得到了帮助，就会助人为乐。如果他在家里真正受到重视……长大后就会有安全感，不会自私自利，能为别人着想。

——乔伊斯 · 布拉泽斯博士（Dr. Joyce Brothers），心理学家，电视名人

练习七

询问是什么让孩子感到受挫

父母是孩子的终极榜样。父母的每句话、每个举动、每个行为都会产生影响。外人、外力对孩子的影响都不如父母大。

——鲍勃 · 基森（Bob Keeshan），电视主持人

练习目的

1. 营造一种充满鼓励、信任和情感连接的环境。
2. 帮助你觉察你可能不自觉采取的无效行为。
3. 帮助你摆脱无效行为。
4. 向孩子示范如何听取别人的反馈，进而获得成长。

具体说明

问问你的孩子，你经常说的什么话或做的什么事（或是没做的事）让他们感到受挫或不适。这不是要孩子批评你。这个练习的重点是请孩子对你的盲点提供建设性的反馈。当然，他们可能会抱怨某些父母必须做、但他们无法理解的行为。（五岁小孩可能会因为不能多吃糖

而生气，青少年可能会因为不能多上网而不高兴。）避免做解释，继续倾听，保持开放的心态。不要打断孩子，也不要跟他们争论。对于孩子给出的反馈，父母只适合说三句话：

——谢谢。

——再多说说。

——对不起。

关注要点

1. 这个练习比较微妙，所以要做好聆听孩子反馈的准备。如果你没有做好心理准备，最好还是把这个练习延后。

2. 孩子可能在情绪上还没准备好提供真诚的反馈。根据他们的情绪开放程度和成熟度，他们可能会更想批评或回避。你随时可以结束对话，尽可能保持平静。

3. 如果孩子无法配合你实现这个练习的目标，另一种做法是自己花十分钟，想象或猜想孩子会说什么。试着给以下句子填空，做多少次都可以：

（1）我想象当我________的时候（描述你常常让孩子生气或受挫的言行），孩子会说他觉得很受挫。

（2）我想象当我没有________的时候（描述你因为忽略了什么让孩子感到伤心或受挫），孩子会说他觉得很受挫。

父母让孩子感到受挫的一些做法（或忽略的事）

做法	忽略的事
批评	不表达赞赏
威胁	不鼓励孩子的兴趣
恶意调侃 / 过度嘲讽	不认真倾听
冷落孩子	不参与游戏
唠叨	不理解孩子的感受
容易发火	不信任孩子
容易失去耐心	不表达情感
只关注孩子犯的错	对孩子的兴趣点不感兴趣
说教 / 给太多建议	不陪伴孩子

练习难点

难点：为什么不能让伴侣给出反馈？

回应：有时候，夫妻双方会不自觉地协作，维持无效的行为。有时候，夫妻双方会有同样的盲点。有时候，你的伴侣并没有意识到是什么让孩子感到受挫。

难点：我可能会产生防备，不喜欢孩子这么对我说话。

回应：你随时可以结束对话，等做好准备再继续练习。

难点：我担心这样会引起争执。

回应：所以我才请你听取反馈时别说话，只用以下三句话作答：谢谢、再多说说、对不起。

难点：这种做法不符合我们文化中传统的育儿方式。

回应：你必须认清，你有没有看到这个练习的好处——它能帮助你，也能帮助你的孩子，还有助于你们亲子关系的成长。如果你看到了这些好处，就可以问问自己：“到底哪个更重要：是我的孩子，还是我的传统？”如果你看不到这个练习的好处，那不妨跳过，去做下一个练习。

思考要点

孩子需要榜样，而不是批评家。

——约瑟夫·茹贝尔（Joseph Joubert），法国道德学家、散文家

世上几乎所有真话都来自孩子。

——奥利弗·温德尔·霍姆斯（Oliver Wendell Holmes），美国诗人

别担心孩子总是不听你说话；要担心他们一直在观察你。

——罗伯特·富尔古姆（Robert Fulghum），美国作家

好好生活，让孩子一想到公平、关怀、正直就会想到你。

——佚名

练习八

直面自我评判

每个人都知道怎么养孩子，除了那些真正有孩子的。

——P. J. 奥罗克（P. J. O'Rourke），美国政治讽刺作家

练习目的

1. 觉察你不自觉做出的对自己身为父母的批判。

2. 变得更有同情心，接纳自己和自己犯的错，意识到所有父母都没法不犯错。

3. 明白犯错是为了帮助你成长。

4. 成为宽恕和自我接纳的典范，以此启发你的孩子。

具体说明

1. 觉察你对自己身为父母的批判。

2. 向孩子承认这一点。（可选项）

花十分钟写下你对自己的所有批判。如果一时想不到，那就发挥想象力和直觉，猜测藏在你内心深处的批判。有时候，你会感觉自己在

瞎编，因为批判常常藏在否认之下。以下句子也许能帮你开启这个练习：

身为父母，我有时觉得自己太过________________。

身为父母，我有时觉得自己不够________________。

用你想到的第一个行为、态度或性格特征给上面两个句子填空，连续做若干次。不要想太多。也许刚开始写的几个字并不准确，但如果你让文字自然浮现，身体就会知道你什么时候写对了。

完成上述句子若干次后，再给下面这句填空：

我有时候觉得自己是个________________的父母。

这个练习有个可选项，就是对你的孩子说：“对不起，我对你太________________”或“对不起，我没有________________”，然后加一句“我保证以后会________________”。

关注要点

1. 如果你还没准备好直接对孩子这么说，或是觉得这么做不切实际，也可以闭上眼睛，想象孩子站在你面前。这样，你就可以说出真正想对他们说的话。

2. 最重要的是，意识到你对自己的批判不是真的，因为你的本质是智慧、有爱、平静的存在。但觉察这些批判也很重要，这样它们就不能在潜意识中影响你了。

3. 如果有时间的话，你可以看看那份自我评判清单，认清上面写的不是真相。你也许会相信它们是真的，但在内心深处，你知道它们只是虚假的信念，源于过去的错误或误解。

4. 你身为父母总是尽力而为，有时候可能会犯错。但在心底，我们会用那些错误强化对自己的批判，觉得自己不好。你不是不好。你只是个凡人，是人就会犯错。只要从错误中汲取经验，就能得到成长。不从错误中汲取经验，就会重蹈覆辙。错误不是证明我们不好，而是证明我们还有很多要学的。

练习难点

难点：这在我听来像是负面思考。你不要我批评孩子，却要我批判自己。

回应：这个练习旨在帮你看清，你也许早就在批判自己了，却没有意识到。自我评判最常见的倾向就是自我否认，然后因为同样的事批评别人。父母变得更成熟后就会明白，他们批判孩子的地方，其实就是批判自己的地方，只是内心不肯承认罢了。

难点：向孩子承认错误会赋予他们力量，让他们压过我一头。

回应：只有当你不愿意直面内心的批判，觉得它们是你信以为真的谎言时，这种情况才可能发生。因此，这个练习的第二部分是可选项。如果你还没准备好跟孩子分享这个信息，那就等你准备好再说。

难点：如果我从不批判自己呢？

回应：如果你最近一次发火的时候，没有对别人大加指责，那你可能是地球上少数几个不会批判自己的人。

思考要点

我没有失败，只是找出了一万种不管用的方式。

——托马斯·A. 爱迪生（Thomas A. Edison），发明家

不只孩子能成长，父母也能。就像我们在观察孩子怎么生活，孩子也观察我们怎么生活。我没法叫孩子去追求理想，只能自己去做。

——乔伊斯·梅纳德（Joyce Maynard），美国作家兼演员

我们大多数人还没脱离儿童阶段就做了父母。

——米尼翁·麦克劳克林（Mignon McLaughlin），美国记者

害怕做父亲的男人不明白，不是只有完美的男人才能做父亲，而是做父亲能让男人走向完美。养儿育女的最终产物不是孩子，而是父母。

——弗兰克·皮特曼（Frank Pittman），美国精神病学家兼作家

为人父母的问题在于，等你有了经验，通常也失业了。

——佚名

跟孩子固执计较的问题在于，他们都遗传了你固执的基因。

——罗伯特·布罗（Robert Brault），美国自由撰稿人

练习九

面对孩子的赞赏

来自孩子的赞赏永远不嫌多。

——威廉·巴特勒·叶芝（William Butler Yeats），爱尔兰诗人

练习目的

1. 加深你和孩子的情感连接。
2. 支持你欣赏自己，认清你丰富了孩子的生命。
3. 教孩子真正赞赏的好处。

具体说明

在家里气氛祥和的时候，抽出十分钟走近孩子，问问他欣赏你的哪些地方。也就是说，你做了或说了什么让他们觉得有帮助或受鼓励。最常见的三种支持是管教、激励和沟通。

例如，你对孩子的开场白可以是："你觉得我做的什么对你的__________（学习、体育运动、社交等等）有帮助？"

或者，你也可以简单问问："我对你做了或说了什么，让你觉得有

帮助或受鼓励？”

下一步更有挑战性。你要给每个孩子买两张空白的感谢卡，在第一张卡片上写“谢谢你，妈妈，因为＿＿＿＿＿”，在第二张卡片上写“谢谢你，爸爸，因为＿＿＿＿＿”。然后把两张卡片交给孩子，让他们把句子补充完整，尽可能写得具体些。

最好在问过孩子一两天后再把卡片交给他们。

关注要点

1. 这个练习的重点不是问孩子喜欢你什么地方。我们更关注你说了或做了什么激励了他们。

2. 如果可能的话，请他们尽量回想小时候发生的事。

3. 如果你想让这个练习更有趣，也可以问问他们希望你将来做些什么来支持他们。

练习难点

难点：我的孩子可能会觉得被逼无奈，不得不说我的好话。

回应：如果你能用轻松有趣的方式发问，对你和孩子来说都会容易些。甚至可以提诱导式的问题。（“我去看了你的篮球赛，你开不开心？”）

难点：如果我的孩子想不出欣赏我的地方，或者只能想到一两件事，我可能会失望。

回应：抛开或减少期待，让这个练习成为你们亲子之间的有趣体验。

难点：要儿子给出这样的反馈，我会觉得难为情。

回应：如果是这样，你也可以自己坐下，拿出纸笔，将下面的句子填写完整，重复若干次："我觉得我的________（做法）鼓励了孩子。"接下来是："我觉得我________可以给孩子更多鼓励。"

思考要点

拥有优秀孩子的幸运父母，通常都是孩子运气好，拥有优秀的父母。

——詹姆斯 · A. 布鲁尔（James A. Brewer），美国编剧

每个人都需要房子住，但得有支持你的家人才能成为一个家。

——安东尼 · 利乔内（Anthony Liccione），美国作家、诗人

我们可以给孩子两件恒久的礼物，一是根基，二是双翼。

——小霍丁 · 卡特（Hodding Carter, Jr.），报纸编辑、出版人

练习十

赞赏自己、伴侣和父母

养儿方知父母恩。

——中国俗语

练习目的

1. 帮助你认识到，你已经奠定了成为智慧父母、有爱管教和鼓励孩子的基础，虽然你自己还不知道。

2. 探索你为孩子提供了什么样的支持和鼓励。

3. 帮助你感谢父母给予你的支持、鼓励、管教和人生教诲。

具体说明

这个练习分为四部分，每个部分可能要花十分钟或不到十分钟。每天都开列以下清单：

1. 我给孩子的鼓励和支持，包括特质、示范或教诲。

2. 我伴侣给孩子的鼓励和支持，包括特质、示范或教诲。

3. 父亲给我的鼓励和支持，包括特质、示范或教诲，让我踏上了智慧型父母之路。

4. 母亲给我的鼓励和支持，包括特质、示范或教诲，让我踏上了智慧型父母之路。

关注要点

1. 开列清单时，跟亲人或伴侣搭档做练习。

2. 参考孩子在上一个练习中对你表达的赞赏，再从自己内心挖掘一些。

3. 当你想到支持和鼓励的时候，请记住，除了实实在在的，还有心理上和情绪上的。

4. 你也可以问问伴侣，他/她看见你给了孩子什么东西。你也可以给伴侣同样的反馈。

5. 不要低估你脑海中冒出的东西。关键不在于你提供的支持和鼓励有多频繁、多明显，而在于认清自己拥有这些特质。觉察是你能拥有的最强大的工具。它就像一束光，有助于美好特质滋长，也能让花园里的杂草暴露出来。一旦暴露在觉察之光下，无效的育儿行为就会消失无踪。

练习难点

难点：我看不出我父母有什么值得赞赏的地方。

回应：如果你的父母特别严厉甚至暴虐，你可能很难欣赏、感激他们。你可以考虑找一张你父亲的照片，看着他的脸，对自己说："如果我能不加批判地看着我父亲，我能看见他的__________。”用你觉得适合的词语将句子填写完整。至少试上四五次。第二天晚上，换你母亲的照片试试看。

难点：除了日常照料，我看不出我能给孩子提供任何价值。

回应：深陷日常家庭生活时，父母比孩子更容易将自己做的事视为理所当然。当你只把自己看作照料者或资助者的时候，会看不见自己身为父母更微妙的特质。发挥你的想象力，运用你的直觉，猜猜你给孩子的生活带来了什么礼物。你会惊讶地发现，你的直觉和想象有多么准确。

思考要点

直到我们自己成为父母，才能体会到父母的爱。

——亨利·沃德·比彻（Henry Ward Beecher），美国演说家、废奴主义者

为人父母……就是要引导下一代，宽恕上一代。

——彼得·克劳斯（Peter Krause），美国演员

在人际关系、为人父母和人生教诲等方面，父母是你最早也影响最大的老师。

——佚名

练习十一

看见孩子

我们总担心孩子明天会怎样，却忘了他今天也是人。

——斯塔蒂亚 · 陶舍尔（Stacia Tauscher），

爱尔兰视觉艺术家

练习目的

1. 看清孩子真正的优点。

2. 培养你的“见证状态”。

3. 突破你通常的认知，见识超越感官的奇妙。

具体说明

每天花十分钟或不到十分钟观察孩子，不是用肉眼，而是靠内在洞察力。先觉察他们的外表，然后问问自己："这个人究竟是谁？是什么？他 / 她在进入这个身体前究竟是谁？究竟是什么？"想象你在观察一个有实体的非实体存在。然后问问自己："这个存在拥有什么天赋或特质？"让答案自然而然地浮现。有时候你会觉得答案是自己编出来的，有时候可能真是这样。但当你真正认清某种天赋或特质时，会有一种全然的体验，可以称为“洞悉”。

但这不是理智上的洞悉。就连你的大脑也无法彻底掌握这个练习，所以最重要的是依赖你内在的“见证”。你的内心会观察你所有的人生经历，不带任何批判或指责。它似乎能觉察到肉体感官觉察不到的东西。换句话来说，它能“看见”你用肉眼看不见的东西。

关注要点

1. 你没法用肉眼看见你的孩子是谁，或是什么东西，所以必须依赖你的内在洞察力。

2. 这不是正向思考练习，因为你孩子的本质超越好坏。只要保持好奇，愿意用超越日常的方式观察孩子，这就够了。

3. 有些人可能会在做练习前有所期待。例如，我该寻找什么？该看见什么？其他父母看见了什么？不同的父母会有不同的体验，所以请放松，体验自己的独特洞悉。

4. 可以用下面这句话当作练习的开场白：“我真的不知道我的孩子是……”这会让你不加期待地观察孩子，为自己觉察到的东西而惊讶。

5. 有时你能一眼看透外表，有时则是持续保持觉察状态。最重要的是你看见了，而不是你看了多久。

练习难点

难点：我只看见了肉体表象，怎么才能觉察超越感官的东西？

回应：也许你可以回到赞赏孩子的练习。当你认清孩子拥有的天赋，也许就会明白，那些天赋是靠感官觉察的。你可以看见天赋是怎样通过孩子的身体表现出来的，但无法实实在在看见天赋。但你还是能感觉到它的存在。这个练习会提升前一个练习，让你看见孩子其实就是天赋。你无法实实在在看见那个天赋，只能看见它的外部包装。

难点：我看不出这怎么能帮我应付跟孩子的日常问题和冲突。

回应：事实上，在我和孩子的关系中，这个练习帮助最大。我们常常不得不对孩子的行为或遭遇的困难做出反应，结果深陷其中，很快就限制了对孩子的认知。

思考要点

雏鹰在家的庇护下，怎么也不能高飞。

——刘洋（Liu Yang），中国首位升空女航天员

谁也无法预测或控制孩子将来会变成什么样。他们从出生以来就一直让我们惊讶，为什么会突然停止?

我们可以用怀疑和恐惧限制对孩子的认知，也可以用信任之眼看待他们。

真正欣赏孩子就是充满敬畏、爱意和感激地看待他们。只有这样，我们才能稍稍看清他们究竟是什么人。”

——克里斯多福·孟（C. Moon）

练习十二

“暂停”和“看见孩子”双管齐下

谨防忙碌生活的贫乏。

——苏格拉底（Socrates），古希腊哲学家

练习目的

1. 强化你“看见孩子”的体验。
2. 在你的生活中“锁定”一个空间，用来放松并促进情绪成熟。
3. 强化和孩子的情感连接，加深对孩子的理解。

具体说明

这个练习结合了“暂停放松”和“看见孩子”，包括七个步骤：

1. 找个能舒服独处的空间。
2. 关掉手机。
3. 放松眼睛，感觉它们稍稍缩回眼眶。
4. 全身放松，平静地呼吸，让孩子的身影浮现在脑海中。
5. 问问自己：“这个孩子是谁？是什么？”保持观察……

6. 十分钟后，缓缓起身，去做今天该做的事。

7. 接下来的一周，只要你在孩子身边，就抽空问问自己："这个孩子是谁？是什么？"

关注要点

1. 找个能舒服独处的空间。父母尤其需要一些完全属于自己的时间，逃离忙碌的世界和孩子们的混乱生活，以及自己心中奔腾的思绪。当你进入这个空间后，要刻意隔绝所有的尘世喧嚣。

2. 关掉手机。不把手机带进房间会更好，但你可能需要用手机播放冥想音乐。确保手机调成静音，关闭振动。只有放下手机，才算真正隔绝尘世。

3. 花上几秒钟，舒舒服服地坐在椅子上，或者躺在沙发或床上。然后，开始放松你的眼睛，感觉它们稍稍缩回眼眶。你的前额和下颌也会跟着放松，然后是身体的其他部位。所以，用不着刻意放松每块肌肉和每个关节。

4. 全身放松，平静地呼吸，让孩子的身影浮现在脑海中。通常来说，想象孩子站在你面前，或是看见他们处于你熟悉的场景，会对这个练习有所帮助。我知道很多人不擅长想象，但大部分做这个练习的人有足够的想象力，足以让练习产生效果。

5. 尽可能专注于想象出来的孩子，问问自己："这个孩子是谁？是什么？"保持观察。如果你的注意力分散了，那就确保眼睛还在朝脑海里看，然后唤回孩子的影像。这个练习的关键在于自问。所以，如果你觉得难以维持想象，只需要放松下来，专心问自己：“我的孩子究竟是谁？”

6. 十分钟后，缓缓起身，去做今天该做的事。起身前最好花点时间感觉一下你的身体有多放松。这有助于让你在接下来的一天里觉察自己体内可能累积的紧张和压力。觉察到它们后，你只需要放松眼睛，让它们稍稍缩回眼眶，就能开启全身的放松反应。

7. 接下来几天，只要你在孩子身边，就抽空问问自己：“这个孩子是谁？是什么？”事实上，孩子甚至不需要在你身边。每当你想起他们，就在脑海里观察他们几秒钟，感激他们丰富了你的生命——能成为他们的父母，真是太好了！然后问：“你究竟是谁？”请记住，你发问的时候要充满惊叹，不是因为你想得到特定的答案，而是因为你真的想弄明白。

8. 一旦你真正看见了孩子，就可以为他们留住那个画面，帮他们认清自己的真正天性。不过，“看见”还蕴含着更大的机会。你会发现，当孩子面对生命中无可避免的挑战时，你会更容易信任他们。因为你明白，他们比任何问题都强大。你会明白，问题不是敌人，而是让你和孩子一起走向学习和理解的通道。

练习难点

难点：我根本不懂怎么想象画面。

回应：这很常见。只要专注于问自己“我的孩子究竟是谁？”同时尽可能放松，就能达到同样的效果。

难点：这个练习感觉太抽象了，根本不切实际。这怎么能帮我改善跟孩子的日常关系？怎么能帮我应对目前面临的问题？

回应：如果你目前存在亲子问题，这个练习会对你大有帮助。我们面对跟孩子有关的问题时，常常把孩子看作受害者，有时则将他们视为问题根源（你是自作自受！）。不管是哪种情况，问题似乎都比孩子更强大。这个练习的目的是帮父母弄清，没有什么问题比孩子（或你！）更强大。

思考要点

万物皆有其美，唯慧眼能识之。

——中国俗语

别拿自己的学识信念限制孩子。

为何我们能赞叹夕阳之美，却觉得孩子平凡无奇？

练习十三

寻求帮助

朋友告诉我，他四十多岁时帮父亲盖了个阳台。那短短几周里，他对父亲的了解超过了过去四十五年！

——克里斯多福 · 孟（C. Moon）

练习目的

1. 鼓励协作式的亲子关系。

2. 在家庭日常生活之外，与孩子共享美好时光。

具体说明

这个练习是请孩子给你帮忙，类似于此前请孩子教你东西的练习，但这次要包含体力活。想想家里有什么东西需要修理，或者你遇上了什么体力上的难题，请孩子协助你解决。就算孩子只有两三岁，你也可以请他们帮你拿东西或捡东西。最好不要一开始就求助，而是过十五分钟甚至一个小时后，再表示你会很感激他们的协助。

这个练习包括了沟通、尊重孩子的意见、协作。你们共同完成任务后，花点时间想一想，如果你只是命令孩子这么做，结果会怎么样。

当孩子自愿配合，而不是被逼去做同一件事时，观察孩子会有什么样的态度和行为。

关注要点

1. 为孩子提供机会，让他们有行动自由，想帮忙才帮忙。这能促进自愿协作的态度，让孩子觉得自己很重要。

2. 从孩子原本就感兴趣的事开始会比较容易。需要讨论如何达成目标的体力活动是最理想的。

3. 幼儿喜欢给大人帮忙，虽然通常持续时间较短。例如，如果你有个三岁的孩子，可以在换灯泡时请他们帮忙扶椅子。显然，你并不需要他抓住椅子腿，但重点是跟孩子协作做事，观察孩子的反应。你会发现，在这种情况下建立情感连接对孩子（和你！）有多么重要。

练习难点

难点：如果我的孩子总是太忙，没时间帮我，那该怎么办?

回应：有时候孩子会专注于其他事，不想中断。你向孩子求助的时候，要给他们拒绝的自由，或者等他们方便的时候再求助。

难点：我不知道能叫五岁的孩子帮我做什么。

回应：也许你不想给孩子压力，但通常来说，所有人都愿意给别人帮忙，孩子也不例外。即使是简单的小事也可以意义重大。

难点：如果孩子帮忙，会比我自己做多花两倍时间。

回应：请回头看一看这个练习的目的。父母通常都比孩子更有效率，但这个练习旨在通过跟孩子分享体验，创造或强化亲子纽带。

难点：我不喜欢向孩子求助。他们会给我脸色看，抱怨太忙……或是太累。

回应：你可能需要想想你是怎么求助的。是邀请孩子共享有意义的体验，还是对孩子发出不受欢迎的命令？如果你最初以轻松有趣的方式提出请求，以后提出请求会更受欢迎。

思考要点

叫孩子做事和寻求孩子的配合，两者截然不同。

让孩子自由地给予你帮助，以此教给孩子施与的快乐。

命令只会筑起高墙，邀请则会拆下墙砖。

我们在这里是为了彼此扶持，无论要面对什么样的难题。

——马克·冯内古特（Mark Vonnegut），美国传记作家

/ 附录 /

理解孩子源于受挫的行为

简·尼尔森在《正面管教》一书中指出，根据你观察孩子时自己的感受，会更容易理解孩子的行为。她的看法是：没有坏孩子，只有受挫的孩子。

我想将她的观点向前推进一步。我认为，孩子的行为可以帮你理解自己内心的感受。孩子就像一面镜子，能反映出你潜意识中的受挫程度。由于内心的防御机制，成人很难认清自己的真实感受。事实上，很多人都戴着麻木的面具，压抑、否认、隔离自己的不适感。这种不适感通常都源于受挫。

毕竟，成人会陷入错综复杂的吸引关注、权力斗争、报复和自暴自弃，同时又否认自己感到受挫。孩子能帮你觉察内心的挫败感，具体方式就是通过被孩子激怒。如果孩子做的事（或没做的事）让你感到烦躁或愤怒，他们通常是展现出了某种源于受挫的行为。根据你对这些行为的反应，类似的行为可以分为五类：

1. 如果你对孩子行为的反应是开心或中性的，你或孩子当时可能没有感到受挫。

2. 如果你对孩子的行为感到心烦意乱，孩子可能感觉受到了忽视，或是情感连接被切断了，试图吸引你的注意。

3. 如果你发怒了，或是觉得孩子不听话、不尊重人，或是在挑衅你，那么孩子是想进行权力斗争，为了感觉自己很重要，以及建立情感连接。

4. 如果你对孩子的行为感到震惊、伤心，或觉得受到了背叛，孩子可能体会到了强烈的情感连接中断。他 / 她能想出的唯一应对方式就是伤害你，就像你伤害他 / 她一样。这就是所谓的报复。

5. 如果你感到失落、无助或无力，因为孩子似乎完全躲着你，似乎触不可及，那么你的孩子可能已经陷入了自暴自弃的状态——也就是挫败感极为强烈，导致他 / 她完全放弃了希望，不再想从你身上找到归属感。

认清潜藏在恼怒之下的内心感受后，你就可以选择是对孩子的行为做回应，还是先回应自己的不适感。在这种情况下，“暂停”会大有帮助。如果你无法为自己喊停，也可以先调整自己的不适感，通过有意识的轻柔呼吸做自我安抚，或通过“走过程”来厘清这些感受。

“走过程”的步骤如下：

1. 孩子的行为激怒了你，你心烦意乱。

2. 觉察到自己心烦意乱，提醒自己：如果我心烦意乱，那肯定是不快乐。

3. 闭上双眼，注意力转向内在。找到你体内感觉不快乐的地方，把手搁在那个部位。体会、感知或想象那种不快乐的感觉是如何出现在你内心的，注意到它的颜色、形状和“尺寸大小”。

4. 让自己冷静地专注于颜色或形状的中心。起初，这可能会让你感觉更不舒服。但如果你保持冷静，让意识深入那个中心点，不适感会消融。最终，你会变得更加平静、明晰、安宁。

5. 检查内心还有没有其他不快乐的感觉，如果有的话，再走一遍上述过程。

6. 当你感觉更加平和，这个过程就走完了。你也能更悉心、更高效地应对孩子的行为。

为人父母就意味着有机会将这个过程走上几百遍，甚至几千遍。但每走一遍，我们的耐心、理解能力和情绪成熟度都会有所增长。如果我们选择另一种方式，以愤怒或挫败感对孩子做出回应，亲子双方的挫败感都会增强，惯性行为也会变得更加根深蒂固。走过程可以带来自由，情绪化反应则会打造出牢笼，令人越来越难以逃脱。

1+1= ∞：哈巴冥想，轻松做智慧父母

亲爱的读者，如果你正打算去做书中的13个“十分钟奇迹练习”，或者已经在做了，那么你可能会发现，书中的育儿原理虽然简单，但真正要用得上却并不容易。为人父母难免会被愤怒和焦虑左右，那么要想轻松智慧地养育孩子，该如何做呢？

本书的作者克里斯多福·孟老师认为，最重要的是：学会放松，拥有从情绪中回到平和的能力。这正是他耗费两年心血，设计“哈巴冥想”的用心所在。

时下，冥想已被公认为是能够快速、有效地疗愈现代人心理亚健康状态的最佳途径。“哈巴冥想”专为父母群体设计，有别于其他冥想。它的独特之处在于：将放松、学习与体验式成长有机地结合在一起，是一种全新的冥想形式。

放松：

大多数父母在生活中压力重重，如果不能有意识地放松，很容易不自觉地将情绪转移到孩子身上。使用“哈巴冥想”每天只需十分钟，就能使大脑得到静谧的休息，感受久违的平静与愉悦。

这样看待孩子的问题时，就不容易过度反应，能够平和有爱地引导孩子，这实际上给父母省下很多担忧焦虑，或对孩子发脾气的时间。

学习：

“哈巴冥想”以独一无二的方式延续着克里斯多福·孟老师的指引，将更多育儿智慧精准巧妙地嵌入冥想中，最大限度地降低来自头脑和情绪的阻碍，如同直接对你的心说话，心领神会了，关键时刻，就会给你最恰当的指引。更为有趣的是，即使每次都听同一个冥想，你的收获都可能大有不同。

体验式成长

“哈巴冥想”通过一系列亲子场景的观想，引导你真实地体验从情绪中回到平和的全过程，使你能够真正摆脱情绪的控制，活出内在的智慧、耐心与爱，与孩子建立更深的情感联结，这是每个父母内心真正的渴望。这样的设计非常有意义，让父母既可以在切身体验的层面上成长，又能够有机会释放生活中累积的压力。

将“哈巴冥想”与本书结合使用，既能帮助你巩固和强化对本书的理解，又能更深入地体验做智慧父母的美妙。虽然，这的确需要你的自律与决心，但你将收获到的，是难以估量的另一种奇迹——

有着无限可能性的自我发现。

我们真诚地邀请你，与克里斯多福·孟再度携手，开启“哈巴冥想”之旅。

哈巴冥想—专业情绪成长平台

• 克里斯多福·孟率领资深教练与科技领域精英倾力打造

• 系统性、分阶段地支持父母们学习成长

• 专业教练在线带领“读书会”

• 全方位线上线下社群支持

请将你的“十分钟奇迹”练习记录在此

请将你的“十分钟奇迹”练习记录在此

请将你的“十分钟奇迹”练习记录在此

请将你的"十分钟奇迹"练习记录在此

请将你的“十分钟奇迹”练习记录在此

请将你的“十分钟奇迹”练习记录在此

图书在版编目（CIP）数据

亲密关系. 亲子关系篇 /（加）克里斯多福·孟(Christopher Moon) 著；鲁宓，王岑卉译. -- 长沙：湖南文艺出版社，2020.3（2025.4重印）
书名原文：The Ten Minute Parenting Miracle
ISBN 978-7-5404-9528-2

Ⅰ. ①亲… Ⅱ. ①克… ②鲁… ③王… Ⅲ. ①亲子关系－家庭教育 Ⅳ. ①G781

中国版本图书馆CIP数据核字（2020）第016960号

上架建议：心灵成长·亲子关系

QINMI GUANXI. QINZI GUANXI PIAN
亲密关系. 亲子关系篇

作　　者：［加］克里斯多福·孟（Christopher Moon）
译　　者：鲁　宓　王岑卉
出 版 人：陈新文
责任编辑：刘诗哲
监　　制：邢越超
策划编辑：李彩萍
特约编辑：尹　晶
营销支持：傅婷婷　文刀刀　周　茜
封面设计：利　锐
版式设计：李　洁
封面图片：John Rowley / Getty Creative/视觉中国
出　　版：湖南文艺出版社
（长沙市雨花区东二环一段508号　邮编：410014）
网　　址：www.hnwy.net
印　　刷：三河市中晟雅豪印务有限公司
经　　销：新华书店
开　　本：875mm × 1230mm　1/32
字　　数：150 千字
印　　张：7
版　　次：2020年3月第1版
印　　次：2025年4月第6次印刷
书　　号：ISBN 978-7-5404-9528-2
定　　价：48.00 元

若有质量问题，请致电质量监督电话：010-59096394
团购电话：010-59320018